U0023642

思想觀念的帶動者
文化現象的觀察者
本土經驗的整理者
生命故事的關懷者

啟程,踏上屬於自己的英雄之旅
外在風景的迷離,內在視野的印記
回眸之間,哲學與心理學迎面碰撞
一次自我與心靈的深層交鋒

男人‧英雄‧智者
男性自性追尋的五個階段

MEN UNDER CONSTRUCTION:

Challenges and Prospects

莫瑞‧史丹（Murray Stein）——著

王浩威——策劃、翻譯
徐碧貞——校閱

男人‧英雄‧智者：男性自性追尋的五個階段

不同文化的共同心靈

　　這本書《男人・英雄・智者：男性自性追尋的五個階段》，描述了這些年日益引人興趣的心理發展議題，出版後受到出乎意料的熱烈反應。這書很快有了中文譯本，又一次證明了心理發展與各種極其不同的歷史和傳統，都是有一定程度關聯的。在這一頁又一頁的書寫裡，我試著所勾勒與男性的心理和靈性相關的發展模式，根據的是這五十多年來我作為榮格心理分析家在臨床實務中的個人觀察，以及榮格一切開創性的發現。書中描述的發展模式超越了文化差異，無論讀者是成長於中國文化中，還是像我自己一樣成長於歐洲文化中，這對於我們想要理解的個體化過程並不是決定性的因素。個體化對所有人都是普遍存在的，是不分種族或國籍的，因為個體化是原型的。

　　這並不是要否認文化差異的重要性。榮格心理分析師注意到這一點，迄今已經有相當長的一段時間，並且有相當詳細的著作，譬如托瑪斯・辛格（Thomas Singer）和塞繆爾・秦柏斯（Samuel Kimbles）所編輯的《文化情結》（*Cultural Complex*, 2004）一書中所指出的，文化歷史已深深植根於人們的無意識之內，以許多方法影響著人們的意識態度。有些偏見是顯而易見的，有些則是極其細微，需要仔細的內省和分析才能引起覺察。文化可以朦蔽人們的視野，造成人們只能以被設定的方式來讓自己觀看和思考。存在於世

界諸多人口間的眾多文化差異，因為有了全球新聞媒體、便捷的旅行、全球化的商業網絡，以及當今的許多跨文化教育計劃，對大多數有文化修養的人來說，都是已經越來越顯而易見的了。但在全球化的時代裡，隨著時間的流逝，我們目睹了過去尖銳的差異現在也逐漸腐蝕消失，也目睹了逐漸且不可避免的移動，朝向了共享的意象和心態。這並不代表所有問題都已達成了共識，其中還是有許多問題現在依然經常引發激烈的辯論甚至暴力，但這確實意味著我們越來越能理解彼此分歧了，我們的心智也越來越相近了。逐漸地，原來存在於歷史文化中的巨大差異逐漸消失，共享意識中新的特徵正逐一浮現出來。像本書翻譯的這類工作，就有助於這樣的發展。

如今，我們越來越可能瞭解人類最深層的共同特性。心理學家逐漸發現了共有的相同特徵，例如基本情感、原型意象和認知模式，以及所謂人類密碼的這些內在的發展程式。這些人格裡普遍的特徵是嵌在榮格所謂的集體無意識裡的。這是心靈的基石。心靈裡的許多內容、許多原型，成為人類心靈的建築石塊。除了這些結構性的內容，還有著原型的歷程，而這些成長歷程的程式，也是人性共同遺產的一部分。

這本書的目的是討論這些舉世皆然的歷程中的其中一種，也就是男性的個體化過程。這裡要討論的問題是，在心理的發展中，男人是如何從出生到青年、到成年，到進入老年。我相信這些篇章所敘述的一切，對中文的讀者來說，將會是和英文的讀者一樣的。將自己與生俱來的潛在人格，從出生以後在成長過程中慢慢展現開來，這樣的基本模式是在所有文化中都是相近的。在這一本書當中，我著重的是男性的發展；但這些基本的模式其實也適用於女

性，只是多了點陰性風格。

　　我要感謝王浩威醫師及其台灣同事，他們的翻譯讓這書在中文的讀者面前問世。

莫瑞・史丹

戈爾迪維爾（Goldiwil），瑞士

2021 年 1 月 10 日

莫瑞·史丹，一個連偶像團體都好奇的榮格心理學家

王浩威

1

莫瑞·史丹（Murray Stein）這位當代的榮格分析大師，曾經有過各種多采多姿的經歷，甚至現在還相當活躍；然而，他大概從來沒有想過，有一天他會成為青少年流行文化裡所好奇的人物。

對於有興趣閱讀男性心理、自我成長或榮格心理學這一類書籍，而現在正在閱讀本文的讀者而言，「防彈少年團」（BTS）這個當今南韓偶像天團，在此當下恐怕是相當遙遠的存在。

這個韓國偶像天團，目前連續三張專輯榮登美國音樂雜誌《告示牌》兩百強（Billboard 200）的榜首，2020 年 1 月推出的《靈魂地圖：7》（*Map of The Soul: 7*）單是預購就創四百萬張，被稱為「活著的傳奇人物」；而更早的一年以前，2019 年 3 月，他們推出的《靈魂地圖：人格面具》（*Map of The Soul: Persona*），就已經創下傳奇：一週內銷量達到了兩百一十三萬張、同時以兩萬六千五百張專輯銷售量在英國官方排行榜（Official Charts）空降、發行首週就在美國告示牌兩百強獲得第一，十九天便成為韓國 Gaon Chart 創榜以來銷量最高的專輯、同時也是韓國有史以來最高

銷量的專輯。

這樣的偶像團體，他們流行音樂的作品受到歡迎，跟榮格心理學的世界有什麼關係？跟莫瑞‧史丹又有什麼關係呢？

BTS 是典型的 K-pop（韓國流行音樂，是指韓國或源於韓國的流行音樂類型風格）的流行音樂團，二○二○年推出的專輯《靈魂地圖：7》共收錄二十首原創歌曲，曲風跨越嘻哈、搖滾、流行音樂到電子舞曲、福音音樂等等。然而，重點的是，這張專輯的主題延續前一張《靈魂地圖：人格面具》的題材，繼續從榮格心理學探討人類的靈魂，包括陰影和自我。而心靈地圖的概念，再加上榮格心理學，顯然就是史丹博士作品的影響。

然而，對 BTS 來說，榮格心理學並不是偶然。在他們 2018 年釋出的《愛自己》（*Love Yourself*）的最終章，由成員碩珍唱的〈頓悟〉（*Epiphany*）預告影片中，也有了這樣一段文：

我在尋找自我的旅程最後
所到達的地方是原點
最終必須尋找的是「一切的起點」
也是領導我的靈魂地圖。

這團體的重度歌迷都知道，防彈少年團成立以來，就像很多偶像團體一樣，一下子爆紅，忽然之間失去了方向。於是，暈頭轉向地跑了七年，曾經失去重心、踉蹌，但現在在作品裡告訴大家，透過了榮格心理學，知道自己無論在哪裡，都能找到真實的自己。防彈少年團以歌曲表達他們如何接受這條路就是他們的命運。在他們

的歌曲裡，例如《插曲：陰影》，從歌詞可以看出，他們是如何結合了榮格心理學裡有關陰影方面的思考。

> 毫無頭緒地奔跑，不知不覺就來到這了
> 腳底下的倒影
> 俯頭一看卻加劇放大，不是嗎？
> 嘗試著脫逃，卻仍緊跟著我的光線，映照出我的人影
> 畏懼著，高飛在上使我恐懼
> 誰也沒有告訴我，這裡該有多麼的孤寂
> 我的飛躍可能會讓我就此墜落
> 事到如今明白了，有時脫逃只是次要的選擇，暫停一下
> 人們，都，說什麼，那光芒之中有多麼燦爛
> 可是我成了更碩大的身影，吞噬了我幻化成怪物
> 往那高處之上，不斷向上
> 可登上高處一看，這又是哪裡
> 繼續只向上向上爬（我不要）
> 只願能夠平安無事
> ……
> 是啊，我就是你，你是我啊，現在明白了嗎？
> 是啊，你就是我，我是你啊，現在明白了吧！
> 我們是一體的，卻有時也會有衝突
> 你絕對不能夠與我分道揚鑣，明白嗎？
> 不管你說什麼，都不能切割
> 承認這件事會更加舒坦的吧

成功或失敗，不管在哪裡

走到哪都絕不臨陣脫逃

我就是你，你是我啊，明白嗎？

你就是我，我是你啊，明白嗎？

我們是一體也要碰撞

我們是你，我們是我，明白嗎……

2

《榮格的心靈地圖》（*Jung's Map of the Soul: An Introduction*，中文版由立緒出版）是史丹博士 1998 年的作品；在更早的幾年，1994 年，他第一次到了中國。那一次他是以國際分析心理學學會（IAAP，即國際榮格心理分析學會）秘書長的身分，陪同理事長湯瑪士・克許（Thomas Kirsch, 1936-2017）一起到中國訪問。在那一趟旅程，他面對的是對榮格心理學，甚至是對所有的心理治療都還不太接受的中國。這是他生平第一次試著將榮格心理學介紹給完全的圈外人，也許因為如此，他寫了這樣一本傑出的榮格入門書。

莫瑞・史丹 1943 年出生在加拿大中部偏北的一個小城薩斯喀徹溫（Saskatchewan），父親是派在那裡教區的牧師。雖然他父親是相當熱情且投入的清教徒重浸派牧師，全家「每個禮拜到教會至少兩、三次」，但這個教會家庭的教育卻相對是自由的。他有一個妹妹，不過小他十歲，所以「兩個人在某個意義上都是獨生子女」。除了教會，就是許多的閱讀。特別是當時的漫畫，包括《獨行俠》（*Lone Ranger*）系列。後來他進入了耶魯大學，先是主修英文和神學，計劃畢業以後就讀醫學院，希望能夠成為一位醫師。在

這裡，他遇到了成為一輩子朋友的老師，也是偉大的文學評論家哈洛‧卜倫（Harold Bloom, 1930-2019），他的作品《影響的焦慮》（The Anxiety of Influence）、《西方正典》（The Western Canon: The Books and School of The Ages）在台灣有中文版。他們的關係從一開始的師生關係，慢慢變成亦師亦友，互相影響著彼此的作品。然而，大學畢業以後，莫瑞並沒有走上文學研究的路。他在 1969 年獲得耶魯大學神學碩士學位，選擇神學碩士課程的主要原因並不是家庭背景。根據他的說法：一來當時越戰，健康的男子很可能隨時會被徵調過去，除非有神職這一類的理由才有機會獲免；二來是家裡經濟條件不足，當時耶魯神學院有洛克菲勒提供的獎學金，也就是學生們所謂的洛克菲勒症候群，吸引了許多對倫理學、基督教、神學、聖經研究有興趣但不準備成為神職人員的年輕人；最重要的，則是受到另外一位老師，漢斯‧威廉‧弗萊（Hans Wilhelm Frei, 1922-1988）的影響，他因追隨雷茵霍爾德‧尼布爾（Karl Paul Reinhold Niebuhr）而成為美國知名的聖經學者和神學家，以從事聖經詮釋學的工作而聞名。莫瑞在大學最後一年經常找弗萊長談，才決定選擇的神學作為一生的研究。

1968 年是轉折的一年，莫瑞是前一年進入神學院研究所的。他當時到華盛頓特區居住一年，在朋友的家庭舞會裡，和一位女子談到了那一年種種關於人類暴力的問題。那位女子介紹他，不妨讀一下榮格的自傳《回憶‧夢‧省思》，他因此第一次接觸到榮格的作品。內傾的莫瑞一下子掉進榮格筆下那個屬於夢和想像的內在世界，因此開始大量閱讀榮格和諾伊曼（Erich Neumann）的作品。他在神學院遇到一位原來受教於卡爾‧羅哲斯（Carl Rogers），後

來去蘇黎世榮格中心進修的老師貝克（Russell J. Becker），因此也開始學習教牧輔導。

貝克鼓勵他去蘇黎世，他果真寫了一封信去申請，沒多久就收到了回信：「沒問題的，過來吧！」而信的署名就是詹姆斯·希爾曼（James Hillman）。當時才四十歲的希爾曼，在更早的十年前，1959年，就已經是榮格研究院（C. G. Jung Institute）第一位研究主任。當時莫瑞才剛剛讀完希爾曼的書《尋找：心理學與宗教》（*Insearch: Psychology and Religion*），「當時十分喜歡，一直到現在也是希爾曼作品中我最喜歡的其中一本。」這本書是希爾曼還沒提出原型心理學以前的作品，包括了〈人性的遭會〉、〈無意識的體歷〉、〈陰影的內在道德〉和〈內在的女性或阿妮瑪〉四篇主文。莫瑞自然是相當的興奮，於是拿到碩士同一年，立刻就和妻子一起到了蘇黎世。

3

然而，他到了蘇黎世沒多久，希爾曼就因為一些事情而辭職回美國了。但他還是跟希爾曼保持一定的聯絡，包括繼續幫希爾曼的春泉出版社寫文章和做編輯，這也培養了他擅長寫作的能力。

他在蘇黎世第一個分析師是波普（Richard Pope），是當時蘇黎世少數幾位擅長英文的分析師。對於莫瑞來說，打電話去約第一次的見面時，電話筒的另外一邊傳來的幾乎就是和他的父親一模一樣的聲音。尤其，他們的分析工作以夢為主，這對思考型的莫瑞來說，這位寡言而具直覺的傑出分析師，幫他跨出了第一步。

當時的蘇黎世榮格學院要求所有的候選人都要接受不同性別

分析師的分析，所以兩年以後，他又找了另一位女性分析師希爾德·賓思旺格（Hilde Binswanger），也就是路德維希·賓斯旺格（Ludwig Binswanger, 1881-1966）的女兒。路德維希·賓斯旺格當年和榮格一起去會見佛洛伊德，因此成為了精神分析學會瑞士分支的一員。在榮格和佛洛伊德分裂以後，他繼續和兩個人保持一定的聯絡，並且透過現象學而創造出自己的理論，是存在分析（daseinsanalysis）創建者之一。

希爾德·賓思旺格的分析，對莫瑞來說是走得更深了，有著強烈的母親移情，但是「她不是一般認為的母親，比起母愛型，她更像女兒型。總之，她更像我個人的母親，同時與其說是母親型，她是更像是女兒型的女人。」

1973 年，莫瑞從蘇黎世榮格研究院取得了分析心理學文憑（榮格分析師的學位），並獲得了博士學位，後來，1984 年又獲得芝加哥大學宗教和心理學研究專業的博士學位。這一年他回到了美國，定居在休士頓，開始和著有《靈魂的邊界》（Boundaries of the Soul）的分析師君兒·辛格（June Singer, 1920-2004）合作，也因此開始積極參加榮格跨區域學會（Inter-Regional Society of Jungian Analysts, IRS）的會務活動。芝加哥榮格分析師學會 1978 年從 IRS 獨立出來的時候，他被選為第一任的會長。他同時和另外一位傑出的分析師施瓦茲-薩蘭特（Nathan Schwartz-Salant, 1938-2020，著作等身的施瓦茲-薩蘭特很遺憾在新冠病毒疫情中不幸染病去世）在凱龍（Chiron）出版社合作（1983 年至 2014 年），並且從 1983 年到 1992 年每年在新墨西哥州幽靈牧場（Ghost Ranch）舉辦同名的研討會，每年都有一個臨床的主題，成為這個榮格心理學研討會

的特色。莫瑞往來於榮格分析師彼此之間，充分展現了在行政上的天賦，因此，在湯瑪士・克許的邀請下，他開始成為國際榮格學會節目委員會的成員；當湯瑪士成為國際協會的理事長時，他繼續擔任秘書長，然後是副會長，最後是會長（2001-2004）。他同時自2003年以來，一直擔任蘇黎世國際分析心理學學院（ISAP）的培訓和督導分析師，並在2008年至2012年期間擔任校長。

4

　　莫瑞・史丹從2007年以來，幾乎每一、兩年就來到台灣一次，除了參加研討會，還進行各種不同題目的工作坊，特別是有關煉金術和個體化的主題。而且心靈工坊也陸續出版了他在這一方面的主要作品：《英雄之旅：個體化原則概論》、《轉化之旅：自性的追尋》、《中年之旅：自性的轉機》和《靈性之旅：追尋失落的靈魂》。他在幽靈牧場的研討會這段時間，就已經開始意識到自己對個體化主題的興趣。而這個主題，也幾乎成為他這輩子作為榮格分析師的主旋律。

　　這些年來，隨著行政業務的卸任，他還是一直投入寫作計劃。對他來說，蘇黎世是第二個家。他和妻子珍（Jane）每年在瑞士定居的時間越來越長，後來乾脆賣掉芝加哥的房子而完全搬過去。三十歲的時候，他成為了分析師，離開了瑞士；六十歲的時候，又搬回瑞士了。現在定居在圖恩湖畔的戈爾迪維爾（Goldiwi），約略是蘇黎世和日內瓦之間。對他來說，在這樣的地方工作一點都沒有難處。在很早以前，他就已經運用網路進行教學、分析和督導了。他一直都是活在現在的世界裡。

這些年來，個體化的議題越來越讓他感興趣。就像很多榮格分析師一樣，他也認為榮格對發展心理學有著相當大的貢獻，其中最主要的就是在個體化這個主題上。如果說佛洛伊德一輩子都投入在人生階段的早期，特別是誕生最早幾年的發展，那麼佛洛伊德沒有觸及的人生下半場，恰恰就是榮格思考最深的一部分。「隨著我的年紀漸長，我發現自己比當年對這個議題還更感興趣。我發現自己讀榮格晚年的作品更多了，也對我所謂的個體化晚期思考更多，而這部分就是心理發展的靈性延伸。這也讓我對佛教哲學更有興趣，譬如十牛圖所描繪的那樣。」

莫瑞出版的這本書《男人・英雄・智者：男性自性追尋的五個階段》，原本是他八〇年代在芝加哥的演講稿的重新整理出版，但是中文版同時收入了 2020 年他為台灣榮格學圈所做的兩場視訊演講內容。這兩場系列演講在呂旭亞分析師的聯絡下，由華人心理治療研究與發展基金會主辦，於九月十九日和二十六日進行。因為對個體化歷程的關注，他表示要為台灣的榮格學圈講「打造中的男人」（Men Under Construction）這個主題。時隔三十年，他對個體化的後期發展有了更深刻的描繪和討論。如果大家讀這一本書，前後比較，必然是有同樣的感受。

同樣的，從榮格心理學出發，繼續與宗教和基督教義對話，也是他一直無法忘懷的。他當然是一個持有神論的人，他更相信宗教性是人性當中相當重要的一環。也許因為如此，他永遠喜歡跟各種不同的群眾做對話。目前他在中國大陸還是像榮格心理學的傳道人一樣，相當殷勤地投入榮格心理學的推廣，目前仍有兩個榮格心理學初階課程繼續進行著。同樣的，也因為這樣的心情，對於能夠和

南韓偶像樂團防彈少年團有另一種形式的對話，他當然也一直念念
不忘。

　　對榮格分析師來說，所有的人都需要靈性，需要精神上的追
求，青少年也不例外。就像防彈少年團所唱的，唱給自己，也唱給
同一個世代的年輕人：

　　親愛的自己，你絕對不能失去自己的溫度

　　因為你無須變得溫暖，也不用變得冷漠

　　哪怕偶爾偽善，偶爾偽惡

　　這就是我想樹立起的，我的方向我的標度！

　　還是個青少年時，史丹立志成為一名醫師。後來他雖然走上了
另外一條路，成為榮格分析師，然而從原型上來說，他終究還是成
為一位醫師，心靈的醫師，同樣都是投入療癒工作的人。

＊本文的完成，參考許多篇的訪問稿，特別是國際榮格學會前副會
　長珍・維耶納（Jan Wiener）刊登於《分析心理學刊》（*Journal of
　Analytical Psychology*, 2019, Vol. 64-3, 406-420）的訪問。
＊本文歌詞譯詞採用自 ©Lavender_1989。

簡短的前言

　　我初中於北達科他州的大福克斯縣就讀。當時有一件事很幸運，就是學校有一位教科學的女老師，經常以幽默感來鼓舞學生。學生們都很愛她。可惜我不記得她的名字了。但我記得她的模樣：三十多歲，高個子，一位結實的女人，未婚，全力投入於教學志業。從她那裡，我們探見了現代的物理學和天文學；她同時也為我們打開了視野，讓我們一窺二十世紀中許多令人驚奇的科學發現。有一天在課堂上，她說起自己週末發生的事。她開車行駛在北達科他州某一條漫長而無聊的高速公路上，決定休息一下喝杯咖啡。當車駛入休息站，她看到一輛有著軍隊標誌的汽車，車後頭貼有一個標語：「美國海軍陸戰隊：我們打造男人」。她走進咖啡館，環顧四周，看到那部車的海軍陸戰隊軍人。她大膽地走了過去，對他們大聲喊道：「給我打造個男人！」當她說起這個故事時，我們所有人都笑了。而且因為某種原因，我從未忘記這事。

　　這帶出一個問題：男孩長大自然就會成為成熟的男人，還是必須加以打造？男人是自然的產物，還是文化的產物？換句話說，在自性化／個體化（individuation）[1]中，有多大的比例是對抗自然

1　【譯註】Individuation 這一個字在榮格心理學裡，一直都是不容易翻譯的。一方面，就像廣義的心理學一樣，孩童時期如何脫離母親，以及後來如何脫離家庭，一直都是個重要的議題。在心理學裡，包括佛洛伊德的精神分析，一般在英文字的採用則是 individuation 和 individualization 交互使用的。在強調前半生的心理學裡，譬如重要的精神分析師瑪格列特・馬勒（Margaret Mahler, 1897-1985）所提出來的分離—個體化，英文是 separation–

的功業（opus contra naturam）[2]，也就是來自文化和個人意志的人工製品？在男性特質的發展過程中，集體無意識內的原型究竟扮演了什麼角色？關於這個問題的答案，部分取決於人們究竟是將原型視為人性的一部分，還是文化的影響。我是傾向於前者，也就是人性，但我也認識到文化對全人類的強大影響，尤其是在生命的前半階段。

我們如果從跨文化或歷史的角度來觀察，會發現男性的發展階段是十分相似的。儘管男性的發展會因為文化和地理的因素而產生某些不同的詮釋，但一般來說，男人都是從嬰兒期和童年期開始進展，經過了青春期和青年期，一路邁向成年期和老年期。這些確定而明顯相同的階段就顯示有某些內在的本質支配著從男孩到男人階段的發展。但是，這樣的發展模式也必然受助於來自社會和文化的影響和壓力。因此，也許海軍陸戰隊確實打造了男人（文化），但這打造必然遵循著內在的模式和傾向（自然），讓上述的男人發展模式成為可能。

當然，如果你認為原型模式主要是文化的產物，而非人性本質

---

individuation；然而榮格所強調的不只是前半生，還強調後半生，特別是自性（self）的追求。因為如此，包括大陸申荷永在內，許多人將這一個名詞翻譯成自性化，強調的是自性的追求，同時也容易和中國傳統「修身養性」或心性說法的觀念來對話。翻譯成個體化，失去了榮格對後半生修為追求的強調；翻譯成自性化，又忽略了榮格心理學對自我和自性的起源和發展所投入的思考和討論。

2　【譯註】違反自然的功業（opus contra naturam），指在榮格心理學裡，個體化的歷程將意識和自我實現，推向了超越由基因、心靈、社會等等所主宰的正常發展過程。這需要心理上的紀律，需要意識上的自覺來完全投入並推展下去。個體化所尋求的是超越自我意識所建立的個人特質、習慣和受文化影響的態度，進到更寬廣視野的自我理解與完整性，而這裡是非個人性的，因此會接觸到所謂的世界靈魂（anima mundi）。個體化產生了意識的擴充，超越個人而進入原型或非個人的境界。榮格因而稱之為違反自然的功業。

固有的，那麼發展的多數特徵就都被歸因為文化影響，自然力量的作用就變得微小。只是，我們終究還是有個屬於生理範疇的身體，而無庸置疑的，這部分是自然和物種演化的貢獻。

我自己的看法則是，不論是男人或女人，所謂個體化是身體、心理和文化因素的複雜交織。一個人如何發展或如何變得成熟，也就是如何個體化，是取決於琳瑯滿目的多方面力量。每個因素對這個動態過程都有其貢獻，而且每個因素對最終的結果都有著本質的影響。透過這本書的內容，我將試著對所有的這些因素都給予應有的重視；然而，最主要的重點還是在心理方面。我所認識的個人心靈，絕非獨立於身體之外，它同時也是它所寓居的文化的一部分。但是我們常因為看重身體和文化因素而忽略了心理；而我希望能做出一些貢獻，來為這個情況重新帶來平衡。因此，我也將本著這精神進行相關的反思。

這本書的內容[3]，主要是八〇年代和九〇年代在芝加哥榮格學院的講座。我重新看過原先的手稿，並且做了一些小小的更動，但大部分還是保留演講當時的內容。我當然十分清楚後現代文化對男性和女性身分認同的形成和發展已經帶來相當程度的改變。在一九八〇年代，LGBT 議題仍未獲得廣泛的瞭解；至於性別的差異，儘管因當時女性主義的挑戰而有所檢視，但仍然還是相對穩定的狀態。如今，這種基於生物性別的刻板印象已經軟化，開始可以流動起來了。對當下的年輕人來說，性別選擇被認為應該是任意

3　【編註】此處指的是原英文版，即本譯本第一部的內容，第二部為本中譯本特別收錄，其內容為作者於 2020 年 9 月透過線上會議方式為華人心理治療研究發展基金會和台灣榮格心理學學會進行的演講之實錄。

的，而性別則是社會的建構，而非生物學的決定。而本質和必然的概念，一般來說被認為是退步且過時的。如果我是今天才要寫這些講稿，勢必要對這樣的文化狀況充分考慮。但我不認為我會改變我的基本立場。文化會隨著風格喜好的不同而變動，但個體化歷程底層的原型結構即使有變化，也不會和文化變化速度相同。即使在今天，大多數人也只能觀察到這些起伏，同時無意識地且自發地沿著原型的路徑朝自性化前進。基本模式仍然得到保留，因為它們是鑲嵌在你我的人類遺傳中、鑲嵌在集體無意識中，同時在文化變遷與諸多風格的迷霧中仍然得以得到區辨。

我十分感謝凱龍（Chiron）出版社提供的機會，在這個特定的時間點將這些講座帶入了現實，因為在我看來，相較於以往的任何時刻，去瞭解男人成長的可能方式在今日顯得更加重要。常見的狀況是男人的成長會中斷在英雄自我發展的階段，其餘的一切被認為是不足或多餘的。我一直試圖遵循榮格的思路——個體化乃是個人終其一生持續的發展歷程，同時個體化的目標遠遠超出美國海軍陸戰隊所努力要打造出的樣貌。

第一部

男性心理發展歷程與重要議題

男人心理發展的
五個階段

前言

　　我在這些講論中想討論的，是男性心理發展的五個階段。按照發展心理學領域的慣例，這個成熟過程將依時間順序排列。我將依循這方式來描述男人發展的五個階段。然而，在開始以前，我應該解釋一下所謂的「階段」。

　　從一般非專業人員的看法來說，個人會在某個特定的年齡進入某一心理發展階段，承擔了該階段的任務，解決（或不能解決）這些任務，然後進入下一階段。廣義而言，這個說法在人的前半生可說是正確的，或多或少都遵循了從嬰兒期到成年期的生物發展歷程。但如果將這個說法當作人們一生成長過程的準確描述，將帶來誤導。心理的發展遠比這個更混亂。我們不會如此一一經歷這些清楚界定的階段；我們的確會發展，但不是按照這一切井然有序地開始和結束。這樣的心理發展，在接下來的討論裡，我將之稱為個體化，是以循環的方式依次前進的。螺旋形的意象，比起依時間序列單向移動的意象，更接近我們所體驗和見證的現實。所謂的「階段」，是用來描述某個生命時期的方法，在這個特定時期中有著相較於其他時期更為緊迫和突顯的議題。像「童年」或「青少年」這類的名稱，就是這樣被附加的。然而問題是，我們會發現自己在人生中是一次又一次地涉入同樣的問題。如果我們真的是在發展，每次的通過考驗都可以讓我們在意識上、自由上或整合上稍有斬獲。然而可以確定的是，我們還是會再次通過，走過先前所走過的地方。如果我們能好好地做自己的功課，每一次過關都會讓我們多意識到一些真正的自我，看見多一點深度以及多一點真實。

艾瑞克・艾瑞克森[1] 提出了人生顯而易見的社會心理發展八階段理論。每個學習心理學的學生都對這些階段了然體會。艾瑞克森針對青春期身分認同發展階段的描寫，是其中最著名的。這是人們生命過程中相當動盪的一段時期，有時，在這段時期會陷入危機，充滿著對於我是個怎樣的人以及我想要成為怎樣的人的焦慮及不確定感。但可以確定的是，在每個過渡時期中，身分認同這個問題都有其作用，只不過有些時候會顯得更加強烈，其他時候則是較輕微。我們從小就開始經歷身分認同形成的過程，到了中年和老年，則持續進行身分認同的形成和再形成的過程。每當身分認同這個問題出現在我們的生命時，我們都會因此而有了多一些的進展。我們可能會清楚看見自己，或是單純的就是對自己有不同的眼光，從迷霧中興起新的面向，出現新的形貌，又或是舊的面向更加向前突顯。確立身分認同是我們一生持續進行的工作，我們永遠不可能完全地拋掉身分認同的問題。我們隨著身分認同的改變和身分認同範

1　【編註】艾瑞克・艾瑞克森（Erik H. Erikson, 1902-1994），德裔美籍發展心理學家與精神分析學者，以「心理社會發展八階段」與「自我認同危機」（identity crisis）等理論的提出聞名於世。他除了是兒童與青少年專家，更將心理發展的視野擴及社會與歷史，著有《童年與社會》（*Childhood and Society*）、《青年路德》（*Young Man Luther*）、《甘地的真理》（*Gandhi's Truth*）等精彩作品。

艾瑞克森指出的心理社會八階段（八種危機課題）是：

（1）嬰兒期：信任／不信任；

（2）幼兒期：自主／羞怯懷疑；

（3）學齡前：主動積極／內疚；

（4）學齡兒童：勤勉／自卑；

（5）青少年：自我認同／角色混淆；

（6）成年早期：親密／疏離；

（7）成年中期：傳承／停滯；

（8）成年晚期：自我整合／絕望

圍的擴大，而在這個問題上環繞前進。親密感議題也是如此，而且這也是艾瑞克森八階段中的下一階段。我們在兒童期及其後的一生都要面對這件事，而不是只有艾瑞克森定位的青春期之後到成年初期。艾瑞克森理論中的八個階段也都是如此。在接續的內容中，當我談論男人的發展如何走出「母親之外」和「父親之外」，而進入相對自由的選擇空間和關係範疇時，我所說的這些發展並不是遵循嚴格的線性順序——那種從 A 到 B 再到 C 不帶殘餘的線性順序。相反地，我所要強調的是人永遠不能完全擺脫母親或父親，只有相對脫離他們的自由，而且終其一生必須繼續對這些問題進行工作。儘管如此，個人對於自我和目標的感覺仍然有了重大的變化，而所謂的發展也確實發生了。

榮格對不可解決的發展問題所提出的建議是，我們無法直接克服它們，只能繼續成長而超越它們。我會推薦這種策略：學會愛上無法解決的問題，也就是自己無法擺脫父母的這個問題，因為這些問題值得花上時間和精力，投入最用心的思慮。在你的一生當中，你將會無數次地穿越它們，每一次都會有更多的意識覺知，更深刻地瞭解其中的含義和動力，每次都會更深層地解開由這些情結所產生的限制。關於發展的目標，我認為個人內在發展的**終極目的**（*telos*），應該就是要盡可能地從那些限制中獲得更多的自由，那是一份真正的自由，為的是全面釋放自己內在的潛力。在通往自由的路上，有關自由的陷阱、誘惑和錯覺，幾乎是無窮無盡的。

我將這份任務視為有關男人能成就什麼樣貌的展望宣言，這並非以研究為基礎的社會科學報告。當然，如果有進一步的研究也是相當歡迎的。

男人生命的五個階段：綜觀

下頁圖所描繪的心理發展模型，是正常壽命、假定活超過八十歲的男人所可能出現的情形。如圖所示，他的心理發展經過五個主要的時期或「階段」，在個體化歷程當中。[2] 這個模型提供了一般的架構，用於討論我在以下章節中所要討論的發展議題及相關挑戰。

圖一呈現了示別各階段的各個圓圈，但這其實應該像圖二所呈現的螺旋形式。

由圖可知，圓圈相互嵌套，從一個圓圈逐漸上升而慢慢進入到下一個圓圈。不同階段之間的過渡區域，在圖一當中是連續的圓圈之間交錯重疊的部分。模型中的圓圈和連接將會根據文化和像是預期壽命等因素而依時延伸或壓縮。

現在我先簡要介紹這五階段中的每個階段來作為導引。在接下來的內容中，我會依序一個一個介紹。

男人成長的最初階段，包括嬰兒期和童年期，是由母親主導。我將這個階段稱為「在母親之內」，因為孩子意識的範圍或多或少都是涵容在母性的氛圍內。這是一個容納和養育的時期。從這個階段到下一個階段的過渡期，則是發生在青春期，大約十二歲左右開始，持續到能穩固安居於下一個階段。這是畢生分離過程的第一步。

父親的形象主導了第二個階段，我將其稱為「在父親之內」。

2　在接續的講述中，我將使用「個體化」一詞來說明一生的心理發展。這是榮格所使用的專有名詞，用來表示從出生到死亡的人格發展過程。

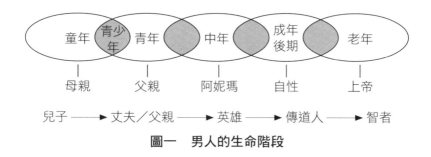

圖一　男人的生命階段

圖二　生命階段的原型要素

這裡的心靈視野是由父權態度所決定的，包括了個人或文化的父權態度。從第二階段分離而過渡到第三階段，大約是三十五歲左右開始，一直持續到差不多五十歲。相對於第一階段是由母職作為主導的地位，第二階段則是由父權主導，至於靈魂或阿妮瑪，則是第三階段的主導形象。

　　第四階段大約是從五十歲一直持續到七十歲中期，關注的是

自我—自性軸[3]的發展，其特點是作為重要心靈因素的自性在此階段開始浮現，並且在意識上越來越能覺察。這個階段是漸漸進行的，經常是在意識沒有重大中斷的情況下進入了第五個階段，也就是最後一個階段。在第五個階段，靈性和「上帝問題」進入成為進一步個體化的主題。我稱之為「個體化晚期」（late stage individuation）。

在這五個階段中，各自的主要人物（母親、父親、阿妮瑪、自性和上帝）都呈現出與男人的身分認同感相關的特定而典型的問題和挑戰。在第一階段，他是「母親的男孩」。當他從這個階段中得到解放，又繼續成為「父親的兒子」。這時也許會有正式的入門儀式來標誌出身分認同上的變化。在第二階段，即使他的身分認同依然是父親的兒子，常見的是他自己也開始成為父親。在中年的階段，隨著他的認同感開始轉向為英雄，自然會出現進一步和父母形

3　【譯註】自我—自性軸（ego-self axis）：榮格和佛洛伊德關係的決裂是在 1913 年，當時佛洛伊德的精神分析理論裡，還是將自我定義在意識的層面，直到 1920 年的《自我與本我》，才整合出現在眾所皆知的兩個拓撲學原則所構成的冰山圖。榮格則繼續沿用早期佛洛伊德的概念，將自我局限在意識成面；至於無意識的層面，他以陰影和自性來表示。對榮格來說：「自我相對於自性，正如 CHIA 的本源和家的遷居，或是客體相對於主體」（CW 11，段391）。自性雖然是榮格所強調的，然而他同時也表示，如果沒有自我的分析力，以及自我與嬰幼兒時期藉由分離而促成的獨立生活能力，自性也就沒辦法在日常生活當中存在。
美國榮格分析師愛德華・艾丁格（Edward Edinger）將榮格的表述總結如下：「自性是整體（包括意識和無意識）心靈加以建立秩序和綜合一體的中心，就像自我是意識層面人格的中心一樣。當前的工作公式……是人生的上半部分：自我—自性的分離；人生的下半部分：自我—自性的重聚……自我與自性的結合與自我與自性的分離之間的交替過程，在個人整個人生，包括童年和成熟期，反覆發生。實際上，這種循環（或更好的，螺旋式的）公式，似乎表達了從出生到死亡的心理發展基本過程。」艾丁格提出了自我—自性軸的說法，這個軸也就是自我和自性來來去去分離和重聚的軌道。（愛德華，艾丁格，《自我與原型》〔Ego and Archetype〕，頁 3-5）

象分離的要求。英雄的任務是拯救自己的靈魂，也就是阿妮瑪，而能脫離父權世界的掌控和滅絕。英雄認同的重要性，隨著進入了成年後期而降低，而這部分我稱之為「傳道人」，因為如今他在世界上找到了使命，將他的視野帶出自己，開始擁抱集體的、文化的議題。這是他和世界緊密結合的時期。直到步入了老年，終極意義這類的宗教問題便取代了傳道人的身分認同。當他成為其他人的智慧來源時，他的身分認同感開始轉變為「智者」。

正如我先前所說的，每個階段都將心靈材料往前推入其他的階段。即便當個體化益加進展且深入成為自己時，我們都是將過去帶在身上的。

【第一圈】
母親：男孩的時代

在接續的講論裡，我將男人發展的第一階段稱之為「母親階段」。這是一個為了未來將出現的心理發展而形成的平台，它廣泛而複雜，包括了幾個時期和次時期，其中有幾個時期在往後的生活可能會以不同的形式重複出現。這階段涵蓋了從出生到青少年的童年時期，其中母親和「母—子問題」佔據了核心的位置。這階段裡的男孩是「母親的男孩」，在理想的情況下，應該是被母親全心全意愛著和讚賞著的。

除了特別收關男性特質發展的問題，在此我不會詳細介紹兒童早期發展的幾個時期（與這類主題相關的許多內容在心理學文獻中都有）。關於所謂的「母親」，重要的是要理解我所指的不僅僅是

單一的孩童照顧者。孩子的整個周圍環境就是「母親」；某種意義來說，就是一個涵容和滋養的環境。個人的母親，不論是好是壞，就只是象徵著整個環境。

在最早的這幾年，男性生命中最重要的人物（通常）是親生母親。她是這男性第一個重要「他者」；這位男性與她在生理、心理方面都建立起重要的關係。這種關係通常被稱為「依戀」（attachment），是約翰・鮑比（John Bowlby）在他開創性的工作中所命名的，並且早在誕生以前就開始了。

嬰兒對子宮外世界的首次體驗，一般而言以真實的母親為中心，同時會因著母親對新生兒的接納而大為增添色彩。隨著時間的發展，母親的接納品質成為一個人對世界基本態度的關鍵基礎要素，影響終身。艾瑞克・艾瑞克森以「信任 vs. 不信任」將這個心理發展階段的關鍵性情感問題標定。如果這個接納是熱情歡迎、穩定和具滋養性的，且嬰兒也足夠健康並能充分回應，年輕的人格面具中會發展出信任的態度。嬰兒可以帶著信任的感覺與世界（這時是母親所代表的）建立關係。當有著親切而歡迎的接納，將鼓勵發展出正向而外向的態度來面對世界；而由冷漠或消極的接納方式所顯露的矛盾情緒，可能會在面對世界時產生或強化已經存在的、對關係迴避的傾向。總之，母親對嬰兒的態度，一般認為對未來客體關係[4]的品質有關鍵重要性。在這個人生階段與世界所建立的關

4　【譯註】客體關係（object relation）：客體關係理論是精神分析理論的一種，於一九四〇至五〇年代由英國心理學家羅納德・費爾貝恩和梅蘭妮・克萊恩等人所開拓。這理論與佛洛伊德的古典理論最大的不同在於，客體關係理論認為人並非尋求驅力的滿足，而是在與他人的關係中來尋求滿足。對精神分析不熟悉的讀者，客體這個字顯得相當拗口；這是因為強調主體的緣故，才相對應地譯成客體。然而，對一般的讀者來說，如果我們將它翻譯成「對象」，

係，在男人一生中將扮演相當重要的角色。

　　儘管男孩這時還被身在通常會持續到青少年初期的「母親世界」裡，但他將展現極大的努力來發展獨立的自我感和自主感。男孩想要與父母一般的照顧者（「母親們」）分離的努力，很早就開始了，通常是兩歲左右（所謂「可怕的兩歲」）會聚集相當大的能量。然後，三、四歲時，男孩發現自己與母親有著明顯的生理差異，這時他在心理層面更強化了自己與母親的分離過程，而性別差異從中發揮了相當重要的作用。母親當然十分清楚這差異的存在，也知道兒子越來越需要與她分離，她也許會促進這個過程，但也可能加以阻礙。她這邊對分離的矛盾，可能帶出了兒子的情感衝突。可以離開母親嗎？離開多遠仍然能保持依戀關係？另一方面，一位焦慮的母親對分離的預期可能過早，可能太快拉開距離而造成男孩產生不安全和被遺棄的感覺。

典型的母親問題

　　一些典型問題會隨著母子關係性質而浮現。我將描述一些執業生涯中觀察到的現象。我提出的這些絕非完全詳盡而毫無遺漏的。

男人有著缺席的母親

　　我回想起一個案例，一位名叫班恩的男人，他進入我的臨床診間時已經三十歲了。童年時期，他母親因為嚴重的精神疾病而重度

也許也就比較容易理解了。

用藥及住院治療。在我與他會面的時間點，他在性方面的發展低於應有的程度，有多重的上癮，主要是飲食和酒精，但也包括過度的幻想和白日夢。他在學校時表現相當不錯，正為取得神職而進修。然而因為無法保持專注，進修不太順利。他最讓我驚訝的情況之一，就是我對他總感覺是「空洞」的。在會談時，他幾乎一坐下來就進入類似神遊的狀態，空洞而毫無反應地盯著前方，彷彿處在一種自我誘發的催眠狀態。當我問起這個問題時，他說他正在「資訊處理」。有時，他會說，那是「禱告」，因為他覺得自己正在和聖人或天使之類的靈性存有進行交流。有一次會談時，他又進入這種狀態，後來他向我報告說他看到了靈視，是「我們的女士」（Our Lady，即聖母瑪莉亞），聖母在他的教堂裡受到眾人尊敬，而他透過臍帶與她建立連結，她也由此將「食物」傳遞給他。

因為班恩的母親沒有能力將孩子納入她的照顧，大母神的原型意象出現在他的世界，成為這位失蹤母親的替代者，提供他食物和營養。心靈透過提供象徵的母親來補償缺席的真實母親；這位被忽略的孩子在那兒找到了避難所，同時持續被嵌入在原型的世界，直到找到方法退出，而進入與個人和社區的關係為止。這種情況與過度依戀真實母親以至於成年後仍一直待在家裡的男人完全不同，班恩的困難是無法依戀母親，因為她向來缺席，所以他轉而依戀想像的替代者。透過將這原型意象投射到宗教客體和機構上，他得以維持「在母親之內」的狀態。

男人有著矛盾的母親

一位三十三歲的男人前來接受治療，因為他覺得自己生活的每

個層面都完全困住了。雖然他先天就十分富於創造力和藝術性，相當聰慧，卻無法和這個世界有效互動。他依然是困在繭中，無法展現自己或出售自己的畫作。父親並沒有邀請他加入自己的事業，因為這男子對母親依然很黏，並不適合競爭激烈的商業環境裡動盪而崎嶇的生活。在青少年階段，男孩輟學、離家，開始完全依想要的生活方式靠自己過活。他在心理治療中表現出與班恩類似的行為，包括近似神遊的狀態，以及在進入對話時顯得相當的不自在和不信任。從他對別人的反應，包括對我，十分清楚地顯示他從童年就受到很深的自戀傷害和自戀創傷。他與女性的關係經常處在嚴峻的壓力下：他要求女人必須是完好處女，一位聖母瑪利亞；然而一旦發生了關係，他就不斷地貶抑她，並且試圖證明她其實是個妓女，因此配不上他。這當然逼使她離開，讓他再度一人獨自生活。

他的夢境顯示他「被困在母親之中」。在其中的一個夢裡，他被困在黑手黨（母親的阿尼姆斯的象徵）所擁有的雜貨店（母親的意象）中。最後，他父親前來救援，建議他付錢給黑手黨才好逃脫。因此，夢中的父親提供了擺脫母親陷阱的出路。夢中的父親比實際的父親還更加積極。對我而言，這暗示了他對我可能的移情，也許可以提供一個擺脫困境的出路。問題是，如何對母親身上那帶有控制性的阿尼姆斯付清款項才能獲得釋放？到了最後，十分遺憾的是，他並沒有成功。我感到非常的糟糕、遺憾，因為我對他尋求解脫的努力沒有幫上忙。

在這個案例中，我們看到了這樣的一位母親，她讓自己的男嬰對她依戀，同時又對所有男人懷有深深的敵意，這通常是因為她自己曾遭受過男人和父權社會的傷害。最重要的是，她與男孩父親

的關係有著深深的麻煩和矛盾，這導致她透過與兒子結盟來對抗父親，將兒子拉進了折磨人的婚姻戲碼中。但是，由於孩子是男性，母親會覺得他既是盟友又是敵人。這樣的矛盾讓兒子感到恐懼，因為有時母親太貼近了，猶如充滿威脅的亂倫狀態；有時，母親卻又太遙遠而兇殘。母親的不可預測讓兒子也不穩定，同時也造成他的人際關係，特別是與女性的關係，產生相當的動盪。而父親（被認為是敵人）卻是幫不上忙，兒子因此被令人驚恐的不穩定母親困在家裡。父親也許是嫉妒孩子的，因為當自己在被關在門外時，兒子似乎獲得了母親的親密關係，因此父親與兒子之間形成了負面和敵對的關係。父親排斥他，母親威脅他，他因此困在他們兩人之間。

男人有著鏡映缺陷的母親

　　一位具備專業能力的五十歲男性，職業生涯十分成功，並且結婚成家，擁有三個孩子。他長期以來一直有個問題，就是感覺不到自己像個男人。當他從鏡子看著自己的裸體時，他無法「看到」自己的陰莖，感覺不到陰莖存在。他所成長的家庭，是由意志堅強的母親所掌管的，而父親相對虛弱無力且被動。在成年以後，他對自己欽佩的其他男人相當關注，試圖從這些人的身上找到吸引他的特質，想要藉此解決自己無法感受到男性氣質的問題。他試圖在這些投射鏡映中找到自己。他透過朝向自己以外的世界來尋找自己的男子氣概。這或多或少是個令人絕望的追尋，因為錯失的特質不可避免「留在外面」的他者身上，而且無法在自己的內部定位。這因此帶來陣陣的絕望痛苦。

　　一般而言，母親是會鏡映自己的孩子，也就是用充滿愛的眼神

看著孩子，因他的存有感到快樂；這不是因為他的能力或成就（這將是父親的角色），而只是單純地為了他這個小孩，他的內在，他自身。讓母親樂在其中的孩子本性之一，就是他的男性氣質；而母親對這一點的積極鏡映，將幫助他的男性氣質強而有力地發展。但，如果鏡映有缺陷，雖然母親可能也是喜歡這嬰兒的，覺得他可愛，喜歡親近，但隨著他的長大，母親卻不能正向地去鏡映和欣賞他的男性部分。她可能對童年開始出現的性別和男性特質加以忽略，或是壓抑不承認。她於是排拒了他的男性氣質，這很可能是母親自己與男人的關係中遇到了性方面的困難所致。她可能會把男孩打扮成女孩的模樣，然後讓他扮演她比較喜歡的女兒角色。而且，父親又一樣是被動的、遙遠的，或失蹤的。這樣的情況下，男孩對自己男性氣質的部分將會是很難認同的，即使對自己的其他部分（例如智力）的認同一點困難都沒有。

男人有著會帶出罪惡感和羞恥感的母親

這一類型的母親並不是對兒子的男性氣質加以中性化、歪曲或拒認，而是在兒子表現出典型的男性氣質的特徵時，創造出讓他有罪惡感和羞恥感的氛圍來。當典型的男孩行為，例如攻擊性、獨立，和探索等等出現的時候，她會做出負面的反應來羞辱這男孩。作為男人，如果他主要依戀的是母親而不是父親（也就是「母親的男孩」），那麼在某些女性看來，他似乎是溫柔善良的典範——但因為太好而不真實了，女人喜歡他，但不會和他墜入愛河，因為缺乏基本的男性氣質。他仍然是「在母親之中」，而且一旦偏離了母親的禁令，他會感到相當可怕的內疚。這樣的男人傾向於和女性主

導的家庭保持親近，在行為和職業上常常以服務為取向。他不能成為充滿男性氣質的自己，因為他害怕母親不贊成而懲罰他，也害怕她那令人覺得羞辱的表情。這樣的約束是相當微妙的，以母親的超我而彌漫在日常的行為中。

男人有著完美的母親

　　這樣的母親允許兒子對她有所依戀，並給予兒子足夠的滋養和鏡映，但這同時也是為了防止兒子發現她自己負向的部分。她通常會經由鼓勵兒子將負面的女性特質向外投射到其他人身上來實現這一目標，但這會導致兒子在好女人（她自己）和壞女人（所有其他女人）之間產生了分裂。這個兒子成為典型被母親綁住的兒子。他將母親看成完全正向的——處女、純潔、善良；而其他的女性則與母親差太多了——都是有問題的、性的、像巫婆一般的等等。他將母親理想化，同時貶低了其他女性，因此常會是終身單身，且照顧著自己守寡的母親，或者珍惜著有關母親的美好回憶。而父親通常是無足輕重的、虛弱或缺席的，或被完美的母親徹底貶低。兒子只看到「她的甜美」並且身困其中，覺得自己必須和她在一起並且保護她，如果有了與另一個女人產生任何關係的可能，就會感到內疚。通常，母親會鼓勵這樣的責任感。如果他要結婚，她鼓勵去娶孱弱而沒有挑戰性的女人。歌劇《卡門》就描繪了一位完美母親的經典典範。劇中男主角唐・荷塞（Don Jose）的母親是完全地寬容、溫柔且無性的，與卡門截然不同；卡門自己就是完整的人，是極具吸引力的對立面。

夠好就好的母親

　　相對於所有這些有問題的母親的，是所謂的「夠好就好」[5]的母親。她不是完美的母親，因為她以兒子能夠應付的速度，逐步向兒子呈現她的真實自己。她一開始時全然專心地養育，但隨著時間逐漸減少他的依賴，讓他開始有些距離，允許他看到了她的憤怒、她的不完美以及她消極的一面。總之，越來越能夠看到她真實的狀態。其次，她以適當的方式保持了早期情感連結的力量，這將讓他得以在日後所有的發展歷程中保持穩定。在此過程中，她增強了他獲得親密和信任的能力，尤其是與女性的關係。男人開放和親密的能力，在很大程度上取決於他對女人信任能力的發展，而這點首先是在他與夠好就好的母親的關係中得以確立的。第三，她賦予兒子足夠的自信心，這是他離開母親時可以隨身帶著的自信心。母親是兒子面對這世界以及覺得這世界可靠與否的第一次體驗。如果一個男人日後能夠依靠他內在夠好就好的母親，他的自我將會有充分的基礎，他的自我價值感將使他在一生前行中帶著韌性、自信以及與世界成功相處的能力。

　　終究，夠好就好的母親會對兒子展現負向的一面，這有助於他從身邊分離。如果母親一直保持單方面的正向，可能就會出現無法抗拒的誘惑，讓兒子想和她繼續待在家裡。夠好就好的母親在斷奶

5　【譯註】夠好就好（good enough）：作者在這裡採用了英國精神分析師溫尼考特（Donald W. Winnicott）的觀念：夠好就好的母親（good enough mother）。溫尼考特利用這個詞，強調母親一心求完美的態度反而帶來了不必要的焦慮，對嬰幼兒乃至孩童階段的發展產生了負面的影響。這一個詞的中文不容易翻譯，如果只譯「夠好」，好像是在強調母親不可以「不夠好」，反而產生的溫尼考特所警告的不必要焦慮。

或將兒子「拋棄」給父親或保姆的過程中可以表現出負向的一面，他最後終究會瞭解到，他原本就該自己單獨走向生活。

夠好就好的母親所給予的禮物是，這個男人不管在內在和在外在世界都能充分感受和理解自己的衝動和本能。除此之外，夠好就好的母親可以讓他對於滿足自己的需求，以及成功之渴望感到自信。因此，他知道當自己飢餓時可以吃點東西；也知道當想要或需要親密關係的時候，可以找到合適的伴侶；當他感覺到自己憤怒或悲傷，可以在必要時採取行動；當情境有需要時，他可以變得積極主動，甚至具有攻擊性；他可以為了創造而進行破壞。當面對生命中負面的特質時，他可以透過機智以及對世界的瞭解來保護自己。這類的母親使男人能夠離開父母的家庭，因為他有自給自足的能力。

在理想的發展中，男人的自我意識在母親圈中得到了適切的整合，他因此能夠搬離父母的家，走進更廣闊的世界。現在，他可以進入父親圈，這裡關乎職涯領域、技能發展以及社會挑戰。在這裡，他可以展現企圖心。在下一個階段，他將需要學習如何與眼前文化的期望和要求進行連結，而這一切也因此讓父親這角色有了舉足輕重的地位。

【第二圈】
父親：兒子的時代

母親為兒子所提供的是內在自我感的扎實基礎，父親則是幫助兒子去發現外部的社會世界，並且與之建立有效關係。一如「母

親」這一個詞，這裡所謂的父親並不專指真實的父親，而是一般來說，會在男人生涯中以各種不同的形象出現的「父親們」，譬如老師、部長、政治家和其他的領導人，這些人不必然在生理上是男性，但態度上絕對是帶著男性特質和父權的。對於一個男人來說，其內在女性特質的這一面向，通常構成了他內在生活的品質，包括了關於親密和靈魂的體驗，即私人的、朝內的主觀空間。而男性特質這一面向，通常則是佔據了他自我和人格面具 [6] 裡的主導空間。透過人格面具，他以男人的身分向他人展示自己：他根據自己特有文化所認可和允許的方式，像男人一樣的穿著，也表現出像男人的舉止。父親是充滿關愛並進行指導的男性氣質原則，是通向外部世界的橋樑，幫助他積極適應社會，並根據集體的期望來調整自己。男人的父親形象，將引領他學習如何在這個屬於工作和財稅的現實世界裡成為一個男人。

因此，父親和母親在男人先天的心理構成中，都有著重要的結構性作用。這些都是男人人格結構中的重要組成。更進一步來說，那些自主而無意識的母親情結和父親情結，是主要的心靈能量中心，它們會在行為上和態度上，終其一生持續不斷地體現出他的心理生活，一遍又一遍地影響著意識。就像華格納歌劇的主旋律（leitmotifs）一樣，它們的影響再三出現，並且貫穿生命所有時期和階段。父親和母親既是真實個體的存在，又是情結和原型，對男

6　【譯註】人格面具（persona）是榮格從希臘戲劇裡所借來的名詞。在希臘時代，在每一個城市都有著圓形的劇場，空曠的場地往往讓觀眾不容易看到演員的表情，因此需要戴上面具來表現他們的角色。到了榮格心理學，這個字所指的意思，也就是讓他人看到的自我。這樣的自我，並不是像面具一樣，一定都和內心的真實自我很容易就可以完全分離的，因此有時翻譯成「角色」，可能會更適合。

人生命的早年和日後的未來，在每個層次上，都有著情感上和心理上的影響。

在生命之初，母親世界構成了嬰兒所涉及的整個客體世界。內在世界和外在世界是一體的，而主體和客體之間沒有嚴謹的區隔。主體和客體糾纏在同一的認同點，這種關係正是榮格所謂的「神祕參與」（participation mystique; mystical participation），這是客體關係的最早形式。雖然父親在人格結構的形成中同樣是主要的，但他會稍後上場。他的意象彷若是從薄霧中慢慢顯現出來，是嬰兒世界中第二重要的人物。和母子關係一樣，與父親的關係也是從嬰兒期開始，並且持續一生；然而作為一個具特殊意義的重要形象，卻是稍晚才被引入生命的。隨著父親的到來，心靈開始了在客體之間以及在內部與外部之間的分化過程。母親是親密的，熟悉的，親近的；父親是不帶個人情感的，陌生的，遙遠的。這是早期心理體驗的畫面。

這個世界一開始是完整的，隨著分離的客體漸漸浮現意識，這世界也逐漸分化和分開，而激起了各式反應。梅蘭妮·克萊恩（Melanie Klein）認為，嬰兒期的第一個分化，是區別「好」和「壞」。她將這區別標定於嬰兒和母親的兩種乳房之間的關係。「好乳房」和「壞乳房」之間有著交替，一種乳房被認為具有滋養、溫暖和撫慰的感覺，而另一種乳房則具有迫害、毒性和攻擊的性質。克萊恩認為，這是好與壞區別的起源，就是意識的區分功能最早的工作。對於這點，榮格不一定不同意，因為他也認為自我（ego）意識是在嬰兒期從無意識中逐漸浮現的。克萊恩對心理生活提出了一種相當暴力和情緒化的開始。後來，像丹尼爾·斯特恩

（Daniel Stern）這樣的研究者，對物質客體最先開始的意識覺察有著較樂觀的看法。然而，這個時期是發生在自身與他者之間原初的銜尾蛇（緊密地封閉著）關係裡。這代表了內在世界分化的開始。

另一種分化的出現，是「第三者」，也就是當父親被引進了母─嬰情境的時候。這不是母親世界的內部分化，而是在母親世界和父親世界之間，是內在相對於外在的分化。意識的分化功能現在開始建立另一個軸：在女人與男人之間，在女性特質和男性特質之間，在內在與外在之間。在最初的完整性所構成的合一世界中，這些特徵還只是以潛在的可能狀態存在。原初的合一狀態開始分為好與壞後，父親的形像才被引入嬰兒的世界，就在內在和外在之間、在母親與父親之間。這產生了意識的四重結構，孩子將運用它作為基本定向：好的和壞的，內在和外在。後者的這個區分也就成為幻想（內部）與現實（外部）之間的區分。這隨後產生了兩種類型的思維：想像力和有方向的思考。

應該說，男孩和女孩的世界都出現了同樣的分化，只是後續發展將會不同，男孩傾向於繼續發展對父親的認同，女孩則傾向於對母親的認同。小女孩經由對母親的認同，保持了她自我身分認同的連續性，並傾向於更關注內在、更具想像力並更貼近母親。小男孩則是在當他與母親分離時，在內在世界會體驗到斷裂，同時他傾向朝外移動，走向世界，藉以靠近父親，並且朝向有方向的思考。這一切都是粗略概括，但我相信足以涵蓋大部分的案例。

在最佳的男性發展狀況下，或可說是我們相當希望看到但實則困難的「正常」發展中，母親會將兒子引介給父親，同時創造包容的氛圍，讓父親進入母親和嬰兒的雙人世界。這不只避免了分裂，

還因此產生穩定和持久的三人社會結構。在理想情況下，透過母親而呈現出來的父親是正向的人物，並非她與兒子間親密關係的威脅。在這同時，母親也會幫助兒子將父親理想化，成為榮耀和崇高的人物，父親的重要性為整個家庭帶來值得珍視的氛圍。對日後進一步的發展來說，這個最初的理想化是絕對不可少的，因為兒子可以透過對父親的認同和努力模仿父親，開始運用自己天生的男性傾向，覺得像父親是一件好事；同時感到母親對此十分支持，不因此覺得被拋棄、受傷或被苛責。出於這樣的理想化，男孩的企圖心誕生了。兒子將父親理想化並努力朝向該理想樣貌，提供了人格進一步發展的動力。

後來，通常是青少年的初期到中期，兒子的「成長超過」了他父親，開始發現父親的一些不足，因而感到幻滅。在這個時間點，原來的理想化對象會轉向其他男性人物，例如老師、教練、政治領導者等等，這些男性人物看起來比父親還偉大，可以代表兒子將邁向世界的下一步。同樣的，當男孩努力想要和這些心中的理想人物一樣時，企圖心也就隨著理想化而聚集。兒子理想化的重新定位，可以將兒子從真實的父親和父母的窩當中釋放出來。他可以飛走，同時測試一下自己的翅膀。這個時候，父親的角色最好是讓自己被兒子的理想所取代，並且明白兒子如此繼續前進是適當的。尼采認為，好老師的特色是知道學生會超越他，同時也欣賞學生的成長。同樣的，這也是夠好就好的父親的特色，他可以欣賞兒子在某些方面超越了他。

兒子在這個階段長大且超過父親以後，父親將會在日後的歲月裡再次回來，通常在中年以後，是出現在兒子的記憶、想像和夢

境中。屆時他可能已經死了，但可以確定的是他會繼續存在心靈之中。當他返回時，不是歷史裡那位曾經一度被自己理想化卻又被超越的父親，而是以自性之姿返回。原型自性以這種方式得到擬人化（personalized），從無意識隱藏的深處，轉移到具體的記憶意象之上。相對於夢境中的自性是以抽象的形式像是星辰、圓形、方形、數字等出現，如今，可能會以父親角色這樣個人化的形式出現。

父親的角色：啟動

父親的基本角色是啟動（initiate）兒子開始邁向成為男人之路，或至少在啟動的過程給予關鍵性的協助。父親只需要出現在母親的世界裡，讓自己作為兒子另一種可能的方向，同時也讓男性氣質和女性氣質之間，外部和內部之間得以區分，這就等於是完成了最早階段的啟動。接下來，他讓自己成為理想化的客體。然而，並不是所有的父親都可以讓自己被兒子理想化，而這項拒絕將會對兒子的發展帶來缺失。對父親的理想化，無疑帶給父親一定程度的壓力，因為他必須活出理想投射的樣子。這股壓力將隨著兒子的成長越來越大，逼著這男人要活出這樣的理想，因此感到自由受到了限制。從這意義上來說，我們可以說是孩子創造了他的父母，儘管有些父親強烈阻抗這樣的發展。如果父親自己的自我形象不好（甚至很差）或是自己不夠成熟，和兒子所反射出來的理想形象之間有著太大的不一致，父親可能會拒絕這樣的理想化。他可能會覺得自己被困住或是被關進了籠子。

透過對父親的理想化，兒子開始讓自己從母親（和姊妹）那邊

更進一步分離開來。此時他可能會覺得自己比她們更好，並在與父親共享的男性氣質基礎上，認定自己是更優越的，對於自己的幻想（像父親一樣是屠龍者或超人）會感到自大，並且感覺自己全身上下都很男人。對父親的理想化會在好幾個不同層面開始運作：身體上（他是更高大、更強壯了）、認知上（他是更聰明、做事能力更強的）和社交上（他有夠廣泛的朋友圈和同事圈）。被理想化的父親，在兒子眼中具有豐富的世界知識：他是「在外面生活的」，瞭解家庭以外的地方，並且可以解決母親無法解決的問題。兒子會注意到父親的專業或社會地位，並且拿來與母親的家庭角色作比較。兒子因此建立起正向的父親情結，對於身為世界一份子的父親所展現的男性氣質會更加認同，隨著這部分的越來越強化，其他女性特質變得隱微，掉進了無意識裡。

到了最後，父親則讓自己退去理想化的色彩。這經常是相當突然而出乎意料地發生的。也許是說了某句話，某些事被看到，或者父親以兒子無法理解的嚴重方式使人失望，因此，兒子感到失望並且幻滅。原來父親並沒有他想像的那樣偉大。

啟動的第一步是對理想的認同；第二步則是對這理想的背叛。在這個認同的階段，兒子學會了宣稱自己的陽具力量，並感覺到自己的男子氣概，然後將這一切與自己的創造力和生育力連接起來。在啟動的第二步，背叛，兒子得以從父親的束縛中解脫出來。背叛是相當重要的，可以防止兒子永遠與父親綁在一起。詹姆斯·希爾曼[7] 在他的重要論文《論背叛》（*On Betrayal*）中描述了一個古老的

7　【編註】詹姆斯·希爾曼（James Hillman, 1926-2011），榮格學派的心理分析學者，也是後榮格時代以靈魂為基礎之「原型心理學」的創始者，對榮格的思想有傳承也有基進的顛覆。

猶太故事。一位父親帶著兒子到房子的地下室,他告訴兒子要爬上地下室的樓梯,然後跳進父親的懷抱。兒子順從而為,父親也接住了他。然後父親要他再重複這個動作,不過這次是往上再爬兩階。兒子爬上,跳下並且被接住。父親又要他再往上一階。兒子再次爬上,跳下並且被接住。這動作一直重複,直到兒子爬上階梯相當高處。兒子又跳了一次,但這次父親沒有接住他。兒子跌落且受了傷,既生氣又驚訝。父親說,這個教訓是,生活就是這樣;而且,他,這位父親,是不會永遠在那裡接住兒子的。因此,透過背叛的舉動與事例,使得兒子可以擺脫對父親的依賴。當然,這種背叛是必須出現在適當的時候,也就是兒子必須擁有從經驗中成長,走向獨立的能力。如果來得太早,或一直發生,會造成負向父親情結的發展,使兒子因此厭惡所有父權權威。但是,夠好就好的父親能夠在適當的時候向兒子表現出他負向的、不可信任的一面,並讓兒子自己去承擔後果。所有的啟動都具有風險並可能帶來災難,沒有這一點,就不是真正或有效的啟動。啟動的結果必須是一個男人對自己內在的韌性、力量和可靠是有所覺知的,足以面對生活的考驗而不至於崩潰。

曾任蘇黎世榮格研究院的研究主任;八〇年代回到美國後,先後任教於耶魯大學等多所大學,著有《靈魂密碼》(The Soul's Code : In Search of Character and Calling)、《自殺與靈魂》(Suicide and the Soul)、《夢與幽冥世界》(The Dream and the Underworld)、《重新設想心理學》(Re-Visioning Psychology)、《妙手回春》(Healing Fiction)等二十餘種著作。

已啟動的和尚未啟動的

　　如果要比較已啟動的男人和未啟動的男人，我們必須瞭解，沒有一個人是完全啟動的或完全未啟動的。這些概念是代表與父親關係最極端的兩端。不過實際觀察仍可發現，得到更充分啟動的男人與還沒有啟動的男人之間，是有明顯區別的。

　　已經啟動的男人會將自己身上的男性氣質整合入**內在**結構。這是他的自我定義和自我感覺的一部分。他經歷了啟動的過程或試煉，在當中，他受到挑戰，同時發現自己可以認同自己的男性氣質——感覺到自己的陰莖及其力量是自己的一部分，並感覺到自己作為男人的力量和才能。而且，他並沒有因為依賴某個特定的父親形象而被綁住，而是可以將父親的形象或強大的男性意象作為參考基準。他有能力運用生命中屬於字面上的和象徵意義上的陽具，因此在面對其他強大男性人物的挑戰時他能堅守立場。既然可以靠自己的雙腳站立，他就有辦法做獨立的判斷，面對權威，並且讓自己擁有權威。他擁有人們所謂的「自信」。因此，他可以是父親，也可以是經理、老闆或領袖。他既不依靠過去因父親解救而脫離的母親，也不依靠父親，那個透過啟動而讓他得到自由的人。

尚未啟動的男人

　　相對來說，尚未啟動的男人傾向站在男性權威圈的旁邊或外面，好像還沒完全脫離母親世界而進入父親世界。他很難感覺到自己的陽具或男性氣質的力量。他的企圖心是有問題的，表現得不是

太多就是太少。他常常朝自身之外尋找有力量的男性角色來認同，想要藉以增強自己的男性氣質。這樣的例子可以在強力領導人的追隨者中找到許多，他們願意為這種有力的男性人物使喚，才好透過親近他們來吸收陽具的權威。同樣的，有些男人則是透過對有力的公司或機構的認同來尋求這種權威。尚未啟動的男人是無法對自己的作品和才智加以理想化，即使從外在世界的眼光來看它們可能已十分出色。

尚未啟動的男人有兩種類型。一種類型的人會當個追隨者，以尋求保護，甚至想從強大的男性那邊獲得建議或尋求支持，這其實就是不斷地在尋找父親般的人物，好讓自己躲在背後。相反地，另一種類型的人則會反抗男性權威人物，聲稱自己獨立，但實際上是反依賴的，因為他們需要這樣的他者才能直直挺立。這種類型的男人，即便是對他的導師也無法理想化。他常常以憤怒這類的負面方式來對待潛在的父親人物，或是很容易就陷入與他們競爭的狀態。這樣的男人終將成為獨行俠，乍看可能會以為是已經啟動的，但若更貼近、仔細檢視，就會發現他的軟弱感和內在結構的缺乏。通常他是被母親隱微地束縛著，因此，一旦當這位他所依賴的女性消逝了，他將陷入成癮或意圖自殺。

實際上，大多數的男人都是被定位在啟動光譜上的某一點。而啟動的出現，從青少年最經典的那一次開始，終其一生都會不斷出現。之後，則可能是來自大學或研究所導師的協助，或是專業生涯中雇主或機構的協助，又或是在因背叛或吵架分手而結束的戀愛關係中而出現了這樣的啟動作用。這個終生出現的啟動是發生在父親的世界中。父親是第一個啟動者。如果父親打下了良好的基礎，他

的兒子可以用允許自己成長的方式來經驗後續的理想化及背叛。

父親和兒子

就像母親有多樣的類型（參閱前文），父親也同樣有各式的類型。這也預設了當男人從母親世界過渡到父親世界時的特有問題。

缺席的父親

男人成年後的心靈，在父親意象應該存在的地方，可能顯現出空白。所謂的「父親效應」根本就沒出現在那裡。這個男人沒有內化的父親意象，儘管他可能對父親有些記憶。但是在他的心理發展中就是沒有父親的效應。他真實的父親可能在身體上是缺席的，例如由於前往戰場或是離婚而分居，或者他可能身在家中，但是對各種意圖和目的而言都是沒有功能的。結果，兒子成年後是「無舵」的。如果他有一個夠好就好的母親，我們可以說他有艘強大而結實的船，卻不知道該往哪裡去；他缺乏方向感。由這個問題所衍生出來的，是他沒有想在這世界上成功的企圖心。父親的缺席造成了兒子沒有可以加以理想化的形象，因此兒子不會像父親一樣擁有偉大而英勇的雄心壯志，日後他也將失去這些企圖實現後所帶來的掌握感和成就感。在現實世界中的成就感，要比幻想中的成就還要更好，然而這種感覺並沒有出現在這個人的生活中，沒辦法將這感覺拿來當作從母親世界轉出的有效手段。

在沒有夠好就好的父親的情況下，猶如沒有夠好就好的母親那樣，心靈會創造出失蹤人物的原型意象來加以補償。結果，所創

造出來的「神聖」父親可能距離日常生活太遠，以至於對這個崇高理想的修正變得不可能，因此，這兒子也就永遠沒有能夠實現意象中所象徵的任何理想的希望。亞瑟·科爾曼[8]將這種意象稱為「天父」（Sky Father），一種純粹象徵的父親。而真正的父親，原本應是理想化的載體，或後來對這理想逐步修正的載體，終究是缺席的。

因此，一個「無舵」的男人會陷入這樣的問題：如果有項任務是適合他去嘗試挑戰的，他會覺得這個太難而可能無法完成；反之亦然：如果任務是他顯然是可以完成的，他會感到有失身分而覺得不值得為這事付出努力。這樣的人不一定完全功能失調，但他從沒有發揮自己的內在潛能。

如果父親是「無舵」的，他的兒子也會有類似的問題，因為他的父親雖然有能力建立家庭，卻無法傳遞他自己也缺乏的企圖心和方向感。這類型父親的兒子雖然看起來很有前途，但也可能是無舵的，儘管程度不如父親那樣。例如他想成為學者，他可能在碩士學位就停下來，儘管他是適合攻讀博士，而且是在他的能力範圍內。他已經認同了「無舵」的父親，而且這認同是顛撲不破的，因為無舵的父親沒辦法為兒子完成啟動的過程。於是這兒子就像父親一樣，有著相同的潛在問題，那就是自大，低自尊，無法掌握邁向偉大成就所需要的一步步小努力。

8　【譯註】亞瑟·科爾曼（Arthur Colman, 1937-）是榮格分析師，這裡指的是他的著作《大地父親／天空父親：不斷改變的父職觀念》（*Earth father/sky father : the changing concept of fathering*），認為我們傳統父權制的父親是一個遙遠而又令人敬畏的人物，就像宙斯在他的寶座上一樣；而媽媽的權力是如此親密和熟悉。他探討現代父親如何在適當的時候也可以成為「大地父親」，發揮出男人天生有著的滋養的一面。

遺棄的父親

　　儘管這樣的男人和父親缺席的男人有些相似之處，但還是有細微的差別。這父親可能不會在生理上遺棄孩子，卻是傾向於將他交給母親。他很難讓兒子對他加以理想化並且認同，因此這父親無法啟動兒子進入男人的世界。這位父親本身經常就是個永恆少年（puer aeternus），他生活在一個充滿可能性和幻想的世界中，而不是現實的世界，活在潛能中更甚於去實現潛能。他經常忙著進行自己的計劃而無法關注兒子。他既遙遠又冷漠，對兒子沒有任何期望。啟動作用的其中一部分，是對兒子有所表現的期望；父親會提出要求，並展現出有條件的愛（這與母親典型的無條件的愛是相反的）。他對於兒子的接受是有條件的，只要是適宜兒子的發展階段和能力水準，就能提供兒子取得成就感和體驗到掌握感的機會。然而遺棄的父親是太過冷漠也太隨意了，他不在乎這男孩在學校的成績究竟是 A 還是 C；他是永遠沒有介入的。因此，他不能成為帶領啟動的師父，因為這樣的師父必須關心男孩發生的一切事情。他是怠忽職守的，可能也是個酗酒者。有酗酒父親的兒子所體驗到的父親是一位遺棄的父親（以及一位威脅他人的父親，如果母親和孩子因他的飲酒而瀕臨危險），因為他陷入在自己的成癮問題和受到母親束縛的問題。

伊底帕斯父親

　　佛洛伊德引用古典的伊底帕斯情結來描述父子關係。依這樣的觀點，兒子佔據了和母親在一起的特權地位，也製造了父親的嫉妒。父親變成了兒子的威脅，因為他希望確保自己擁有母親的優先

權，並試圖將兒子從母親身旁分開。這在兒子身上造成了佛洛伊德所說的閹割焦慮。這種恐懼成為佛洛伊德所謂「超我」（super-ego）的基礎，因此父親被內化而成充滿威脅的意象，真真切切是威脅著兒子成功人生的敵人。

的確，如果一對新婚的丈夫和妻子之間彼此有著密切的連結，那麼引進了孩子將會帶來巨大的改變。父親不再能夠無限制的獨佔與妻子的身體接觸，因為嬰兒獲得了優先權。母親對自己孩子的強烈依戀，至少在相當的一段時間內是會超過她對丈夫的親近感覺。當父親感覺到了這一點，他可能會拉開距離，也可能和孩子激烈競爭。他會變得沒耐性、焦慮、想要佔有、拒絕分享母親的愛。他拒絕啟動兒子而進入成年。當兒子必須面對一位伊底帕斯父親時，父親就會是他的敵人，而不是帶領他啟動的師父。

伊底帕斯父親容易出現極度的壓抑。他讓兒子們陷入了無法成長的處境。在家族企業中，人們看到孩子被父親牢牢地支配著。他將不會放棄自己的權力位置，並將子女限制在從屬的位置上。他這樣的類型，在希臘早期的神話裡就已經栩栩如生地描繪過了。天空之神烏拉諾斯（Uranus，也是天王星）對他的兒子克洛諾斯（Cronus，土星）長大後會推翻他的預言感到恐懼，因此當大地之母蓋亞（Gaia）生出了這位兒子時，他為了阻止這一切而試圖將兒子推回地球，象徵性地推回到子宮內，將他留在子宮裡。父親無法忍受被兒子超越的念頭，也害怕被兒子報復。在神話中，這確實成為了事實，克洛諾斯最後是擺脫了束縛並成功地閹割了父親。這種劇碼後來又重演了一遍，克洛諾斯被他所壓抑的兒子宙斯閹割了。

一個擁有伊底帕斯父親的兒子會發展出負向的父親情結，日後

將這一切投射到對他擁有權威的男人。他很可能會對他們反叛，並且試圖推翻他們。

用榮格學派的話來說，這種父親是老朽（senex）父親，遙遠、冷漠、而且是壓抑的。

太好的父親

這位父親一廂情願地積極正向，不允許自己出現任何陰影。他絕對不會以任何的方式背叛自己的兒子，始終是照顧和保護他的。如此一來，就可以將兒子留在家裡繼續依賴他。這裡所傳遞的訊息是：「我擁有這棟很棒的好房子，您在外面是永遠辦不到的。」這溝通於是有效地成為：「你光靠自己是辦不到的，你還不夠好，所以你最好還是和我待在一起。你需要我的保護，而我也很樂意提供保護。」父親提供了舒適感和安全感，但是也是有破壞性的，因為這些保護阻止了兒子在真實世界進行自我考驗，從而樹立起自己的價值感。這樣的安排，在特權階級中是常見的。父親如果是坐擁高位或生活富裕，對他的兒子來說，要得到真正的啟動，並且從「父親的房子」中解脫出來，是非常困難的。如果父親的房子太富裕也太方便，如果父親太好了，如果背叛永遠都不會發生，那麼兒子就會受到父親的束縛。

【第三圈】
阿妮瑪：英雄的時代

我們將繼續討論不斷演化中的男性心理發展，現在來到發展的

第三圈。這個階段是英雄的階段，將討論的是男性必須面對的另一項重大挑戰：阿妮瑪。

什麼是阿妮瑪？如果母親情結和父親情結構成了一個人性格中兩條最基本的結構鏈，那麼阿妮瑪可以視為是一種動態的、進行轉化的力量。阿妮瑪聚合了男人的創造能量，啟動了男人發展的英雄之旅。阿妮瑪通常被表現為女性的意象，在概念上是與男性性別認同相對的特徵。她是他內在的他者，他的靈魂伴侶。

重要的是，要注意阿妮瑪與母親情結兩者之間在本質上的區別。兩者在本質上都是陰性的，但在男人的生命中，阿妮瑪所擔任的角色與母親大不相同。如果母親對於他的人格帶來的是穩定與包容，阿妮瑪則是動態的，激勵他去找到自己生命中特有的方向。阿妮瑪是生命本身的原型，是生命的力量。在拉丁文中，阿妮瑪（anima）的意思是靈魂。她將心靈體（the psychic body）賦予生命力。她要人生機勃勃，持續變化，永遠有更進一步的發展。她為男人必須經歷的轉化提供能量和動力，因為透過轉化，才能將他的身分認同從父親世界慢慢轉動成屬於他自己的男人，自由而獨立。而且，就像所有體驗過她的男人都知道的，她是非理性的。

阿妮瑪要求男人對自己和自己的生活做出全然的承諾。這是對責任的挑戰。可想而知，踏出這一步對男人來說是困難的，因為這意味要向父親世界和母親世界當中的安全感告別。出於恐懼的緣故，他們變得保守而退縮，隨時準備「踩剎車」。當他們要做出阿妮瑪所要求的犧牲時，可能是相當為難的。他們態度保留、遲疑，擔心內在的資源不足以完成她在他們前方所設下的任務。這任務似乎是不可能完成的，不是因為生理上的困難，而是因為心理上和精

神上的。這任務被視為是愚蠢的夢想，一種錯覺，很輕易地就被抹滅。他們陷在既定的心智習慣中，放棄了英勇，接受了常規。

在神話、童話和充滿奇想的文學裡，阿妮瑪的挑戰經常被典型地描繪成得到美麗女性的芳心，或將她從囚禁中釋放。而與她結婚則是象徵著一個男人的成就，因為他和靈魂之間有著持續的連結，並且向她承諾「至死不渝」。

雖然面質、贏得和整合阿妮瑪的歷程典型上屬於中年，但每個男人終其一生都會以各種不同的形式與阿妮瑪相遇，通常是因為發現了具備適當特徵和屬性的不凡女性，而將他的阿妮瑪投射到她身上。這其實從生命一開始就有了。一個小男孩可能愛上了玩伴或母親之外的年長女性，例如護士、老師或堂姊。在青少年時，當男孩愛上電影明星或美不可及的女人，阿妮瑪就會出現。在各種的情況下，他都會體驗到浪漫的渴望、嫉妒和無奈的痴迷所帶來的原型激情。到了最後，他可能會遇到較為可得的阿妮瑪形象，並且說服她和自己結婚。阿妮瑪的其中一個目的，是將一個人從他熟悉的父母環境，吸引到他不熟悉的人際和文化世界。她刺激了「異族結合的力比多」（也就是沒有亂倫的愛慾），他因此將父親和母親拋在後面，然後冒險踏進更廣闊的世界。這種經典而成熟的「阿妮瑪呼喚」會在中年出現，這時男人已經在父親的世界確立了自己的地位，同時也完成了這一生作為集體社會一員所必要的投資。

有許多文學作品都描述過阿妮瑪在男人生命中的非理性力量。而我最喜歡的作品之一是莎士比亞的《埃及艷后》。就在埃及艷后招手的時候，馬克·安東尼放棄了他自己統治羅馬三頭同盟之一的職責，而與異國情調的埃及艷后一起生活在她埃及的家中。最終，

他為她而喪命，而她也為他喪命。這故事警告著阿妮瑪附身所帶來的危險。榮格最喜歡的文學阿妮瑪人物之一，是十九世紀哈葛德[9]的小說《她》（*She: A History of Adventure*）當中一個比生命本身還巨大的女性人物。這場景也是在埃及，故事發生在這個國家的黑暗內陸，一個男人發現了一個不朽的女性人物，被稱為「人人必須服從她的女人」。她的力量是壓倒性的，完全不可抗拒。而且，她是古老的，對死亡和重生的祕密是洞悉的：她可以像鳳凰一樣在火焰中升起，使自己轉化為年輕的少女。當她呼喚時，任何男人都會發現自己無法抗拒她。對於榮格來說，這個人物說明了阿妮瑪的力量在男人生命歷程所做的安排。榮格本人在他著名的《紅書》中也提到了這種體驗。

當一個人遇到生命中的阿妮瑪時，他會感覺到想要與她親近的壓倒性慾望。她代表著對轉化和實現的承諾。在她的面前，男人彷如第一次發現了自己。他感到煥然一新。阿妮瑪承諾轉化的實現，包括生理上和精神上的。他於是認為，只要他將自己的生活與她結為一體，她將讓他變成一個嶄新的男人，甚至是可以永生的。但是，當他靠近她時也會感覺到危險：她是可以摧毀他的。

9　【譯註】亨利·萊特·哈葛德爵士（Sir Henry Rider Haggard, 1856-1925），英國小說家，維多利亞時代受歡迎的大眾小說家，擅長浪漫的愛情與冒險故事題材，代表作為《所羅門王的寶藏》。清末的林紓翻譯哈葛德小說二十五部，其中的《迦因小傳》（*Joan Haste*）在英國文學史上並沒受到關注，只是一部二流作品，卻因女主角迦因被壞人誘姦生了一個私生子的情節，在中國造成極大轟動，再加上林紓翻譯小說的文筆較原文優美動人，使得這書在中國廣為流行，人人爭讀。梁啟超在《飲冰室詩話》中談到《迦因小傳》，將其與林譯《巴黎茶花女遺事》相提並論。然而，在討論西方文學時，那只能算是二流、甚至三流的作家。文中提到的《她》，其實在文學上是一本比《迦因小傳》更不入流的作品，但對於榮格心理學來說，最有趣的是為什麼榮格對這樣的三流的小說感到如此的興趣。本書的作者在這裡提出來的說法，也許是最好的解釋。

阿妮瑪是個曖昧的人物：既是誘人的狂野和毀滅，同時也是能恢復年輕和創造力的。當她在男人中年的階段出現時，她會燒毀所有固定的結構和認同。她會宣稱這個男人是她的，並將他吸引到她轉化能量的火焰之中。如果是作為繆斯女神，她會激發詩歌和偉大的夢想。身為女神，她引出了絕對的虔誠。中世紀吟遊詩人運動是集體層面上的阿妮瑪表現，而她則是浪漫傳統的摯愛。她表現在世界各地的神話中，如阿芙蘿黛蒂、弗雷亞和帕爾瓦蒂[10]。

　　當她被拒絕或丟失時，隨之而來的毀滅是極為戲劇性的。華格納在他《尼伯龍根的指環》四部曲中的第一部作品《萊茵的黃金》裡，講述了沃坦（Wotan）承諾將愛神弗雷亞交給怪誕巨人法弗納和法索爾特，做為建造他宏偉的瓦爾哈拉宮的費用。然而在眾神之中，失去弗雷亞將會造成危機，因為這意味著他們會逐漸衰老，失去美麗並死亡。只要一天沒有她，她果園裡的蘋果就枯萎爛了，眾神變老且病倒了。這戲的其餘部分是眾神迫切尋求將她帶回，也就是帶回她回春的能力。她是眾神的阿妮瑪，所以她是生命的源泉，是人生樂趣和生命活力的源泉。

　　當男人經歷了遊戲和創造力的最深刻意義時，以及當他經歷全面的自由並從現實關照中得到釋放時，往往都是和阿妮瑪的出現有關。如果一個被賦予阿妮瑪特質的女人接受了與某個男人的關係，這男人就好比是被允許重返樂園。她是快樂的泉源，是生命本身及

10　【編註】阿芙蘿黛蒂（Aphrodite），希臘神話中是代表愛情、美麗與性愛的女神，對應於羅馬神話中的維納斯（Venus），占星學上象徵美好價值的金星。
　　弗雷亞（Freya），北歐神話中的女神，為愛神、戰神與魔法之神。
　　帕爾瓦蒂（Parvati），印度教女神，即雪山神女，跟愛與性有關的女神。

其所有愉悅的泉源。

阿妮瑪與人格面具

如果主張阿妮瑪是人格面具的敵人，這將不太會被挑戰。人格面具界定了一個人的社會身分，因為這是根據他人的期望而形成的，並且根源於他對父親世界所提供的角色和職位的接受。人格面具是透過逐步的模仿、教育、適應和認同的過程而塑造出來的。它立基於對當下社會環境所見的鏡映，或者是對周遭環境所做出的反應。這不是人格的表層面貌，而是源起於早期的兒童階段。為了與父親和母親建立最早的聯繫，兒子成為某種小小人物，在家庭環境中開始發展出正面或負面的社會認同。在同儕當中，他最終找到了適配自己的某種特殊男孩形象：聰明的男孩、英俊的男孩、運動的男孩、受歡迎的男孩、壞男孩等等一切。這些都是人格面具，它們構成了個人與周遭社會之間的介面。這些人格面具向世界傳達了此人可能會扮演什麼樣的角色。

雖然父母是這個社會身分最早也最重要的貢獻者，但後來的同儕影響也非常重要。艾瑞克森對「社會心理身分認同」的定義提供了十分恰當的人格面具描述：「這是個人與重要他人之間就此人是誰以及這是怎樣的人所達成的協議。」在青少年時期，正如艾瑞克森知名的著作所寫的那樣，隨著青少年更聚焦於同儕對他的看法時，人格面具成為迫切的問題。人格面具的問題是：「我與團體的關係將是如何？團體中的其他人將會如何看待我？」累積的丟臉經驗將會讓人感到羞恥，並且可能導致嚴重的情緒後果。

而最好的情況則是，人格面具讓一個人因為知道自己在世界上佔有一席之地而感到安全。這為他在社群中的社會地位奠定基礎。他可以從這個位置開始發揮力量和影響。此外，人格面具還提供了一項工具，讓他可以用來試著掌握自己的內在生活。他透過了對人格面具的認同，內在生活中任何不適合自身形象的事物都可以暫時拋在一邊。他因此能夠將自己的精力投入到工作中，並在這世界上樹立起實質的地位。

當阿妮瑪進入到生命的場景時，會創造出強烈的張力和不安定感，尤其，她挑戰了男人對人格面具的承諾，並在他的防禦上打開了縫隙，這些防禦是為了避開造成麻煩的那些對情感更深層滿足的渴望而築起的。她可以激勵男人離開母親和父親，妻子和家人，以及所有外在責任，讓自己在繁華與熱情洋溢的時刻中享受純粹的生命愉悅感。歌劇的世界（想想《茶花女》），典型的是由阿妮瑪所主導的。歌劇裡典型的衝突，往往是關於一個男人在對父親、國王、母親或妻子的職責以及對某位非比尋常的女子的愛意間，陷入了困境。而生命中這樣的衝突，就是源自阿妮瑪的意圖和人格面具常態的要求，這兩者之間的差異。

當人格面具已經穩固就位，而自我也強烈接受並認同它時，阿妮瑪的典型行動就是帶出補償：更戲劇性的說法，是將一切炸開，炸開對人格面具的認同。這一切的目的是啟動男人的個體化。個體化的經典故事是從中年開始的，此時，人格面具撞上了對更巨大的意志要求，要求這男人變得遠甚於人格面具——要比一般人還更獨一無二、更特殊，且更不同。這種要求是源自於阿妮瑪，因此她的出現總是不照慣例的。

阿妮瑪的出現通常會引起一個人人格面具結構和認同的「熔毀」。她召喚人們的流動性和靈活性，這與男人根深蒂固的觀念和習慣是相互矛盾的。這些制式的一切成為她攻擊的目標，埋的越深就越是會攻擊。那時她處在最危險的境地，但潛力也出現了，因為她對轉化和個體化的可能性做出了最大的創造性貢獻。然而附帶的危險是，一個男人越是阿妮瑪上身，也就越失去所有的常識和理性。這是一種瘋狂。而在另一方面，個體化的潛力便在於那即將出現的轉化中，這轉化經歷將讓一個人永遠擺脫他一直以來對人格面具的依賴和認同。阿妮瑪透過將他從過去的束縛中解脫出來，最終引導他走向自性。如果父親是離開母親的橋樑，讓兒子得以進入確立自己人格面具的外在世界，阿妮瑪則是通往自性的橋樑，而這就是她堅持對抗人格面具的意義。

　　對於尚未啟動的男人來說，第一次和阿妮瑪建立關係是充滿恐懼的。她對他來說是太多了，因為他對父親所給予的男性氣概還沒有足夠的整合。即使在幻想中夢見阿妮瑪，他在真實的生活中還是無法宣稱自己擁有了阿妮瑪人物。進入男性氣質的啟動，是男人為了與阿妮瑪相遇而做出的準備。

　　而在啟動光譜的另一端，這邊的男人已經充分啟動而進入了父親男性氣質的世界了，已經相當成功地適應了自己的人格面具，可能會為了獲得權力和社會地位而冒著「賣掉自己的靈魂」的風險。阿妮瑪的誘惑是如此強力地要求在方向和態度上做出重大改變，以致他甚至無法稍微考慮轉化的可能性。他依然困在父親的世界中，無法進一步個體化。

　　關於阿妮瑪，有一點是必須強調的，她不是從母親情結或母親

原型衍生出來的。她是自成一類的（*sui generis*），是深入自性的靈性存有，在自性中有著自己的獨立基礎。阿妮瑪與母親其實是相互對立的。事實上，阿妮瑪有部分的功能是將男人從母親和她所代表的一切當中，十分果斷地解放出來。同樣地，阿妮瑪也不是從父親那裡衍生出來的，儘管父親的阿妮瑪對兒子有著相當強大的影響。父親的阿妮瑪在他與兒子的關係中擔負著某些作用：她可以將兒子與父親連結起來。但是，同樣的，男人阿妮瑪的角色是讓他與父親分離開來，就像讓他與母親分離開來一樣。她是一股個體化的力量，要求他成為屬於自己的男人，自由而清明。我們可以將男性身上的束縛清楚地區分成三種：母親束縛、父親束縛和阿妮瑪束縛。如前文所說的，受到母親束縛的男人通常懦弱、優柔寡斷、柔軟，與女性間，或在工作時，陽具的力量是受到限制的。而受到父親束縛的男人通常認同社會中的父權制度及其結構，他是保守的、僵化的、教條的，並且緊緊貼著人格面具。他是坐在父親右手邊[11]的人，然後就只待在那兒，頭髮慢慢變得灰白，逐漸凋零。受到阿妮瑪束縛的男人通常是浪漫者和夢想家，他喜怒無常、不切實際、過於情緒化也過於敏感。他是永久的青少年。然而，一位成熟且完全啟動的男人，可能會因為和一位承載著他的阿妮瑪投射的女子墜入愛河，而暫時阿妮瑪上身。當這情況發生時，他會失去了判斷力和價值觀；他做著白日夢，發現自己對日常生活的瑣事很難保持充分

11　【譯註】神的右手邊代表最尊貴的位置，只有末世的彌賽亞才配坐在其上。耶穌是末世的彌賽亞，祂現在坐在「神的右邊」，已經成為榮耀的王。例如《聖經‧詩篇》第一一○篇的第一節，大衛被聖靈感動而說：「耶和華對我主說：你坐在我的右邊，等我使你仇敵作你的腳凳。」

的注意。他變得膨脹，和他的阿妮瑪女人夢想偉大而虛幻的美好未來。他可能會靈感澎湃而開始寫詩或高唱青春的歌；他一反常態地隨興花錢，不知稍作斟酌。像性激情和嫉妒的想殺人這類強烈的情感忽然襲擊了他，極端的狂喜和絕望快速地交替出現。他是暫時阿妮瑪上身了。

　　一位受母親束縛的男人沒辦法感覺到這些非凡的狀態。他不會強烈愛上阿妮瑪女人，因為母親有效阻擋了這個阿妮瑪。母親坐在門口，守著門檻，這男子被鎖在母親的房子裡，而阿妮瑪沒法進入。相反的，受到父親束縛的人會墜入阿妮瑪上身的狀態，因為整個的目的是使自己擺脫父親情結以及這情結對傳統的堅持。如果他牢牢地和父親綁在一起，坐在父親的右邊，並且認同於這個已經適應，也十分社會化的人格面具，他將會設法去阻抗阿妮瑪上身的發生。他將忠於父親世界裡的集體規則和社會規範。

　　男人在中年的個體化任務是以不同於青少年期的經驗來運用阿妮瑪經驗。在青少年和成年早期，阿妮瑪的功能是「蒙騙男人」，帶他脫離母親，與女性建立關係，進入婚姻和家庭生活。到了中年，阿妮瑪的功能是將原來對人格面具的認同加以鬆動。於是這個男人可以打開內在的空間，讓深度的心理體驗可以從中運作。在生命的這個階段，對阿妮瑪的體驗成為這男人人格進一步發展的機會。只要這男人是認同人格面具及自身在這世界的社會功能，所謂的人格也就不過只是令人不便的累贅。那只是個阻礙，沒有功能上的價值，可以說是「純粹的情感性」。所謂的人格在商業交易上、在法律的合約裡，或在和平的條約中都是沒有地位的。阿妮瑪被認為是挑戰父親世界底線的敵人。

一個人該如何調和這兩者呢？這兩者彼此對立，而且這種張力必須保持。處理中年階段的阿妮瑪體驗，是需要確立且維持這種對慾望和現實之間的張力。這是典型的衝突，男人必須等待可能的出路，同時又忍受這些痛苦。選項終究會浮現，提供既不是人格面具也不是阿妮瑪的決定，而是如同煉金術般，將兩者結合成為「第三種」或是超越這兩者的可能選項。

　　阿妮瑪通常會讓男人對自己感到膨脹，使他有種比生命還更大的感覺。她會創造出男人就是「上帝的禮物」的錯覺，讓男人對她的在場感覺美好，強壯而健康。從某種意義上說，這並不完全是不好的。這使得男人有勇氣和能量，願意為她承擔英雄任務。這個充滿弔詭的情況顯現解讀阿妮瑪訊息時的問題：到底哪些是正確的，哪些又是無稽之談？男人確實會感覺自己是上帝送給她的禮物，但他知道自己只是數十億這樣禮物當中的一個罷了；他可以成為她的英雄，但對自己能力的誇大遠遠超出他的可能性。他覺得自己是獨特而不尋常的，是有能力成為英雄的，這樣的感覺如果可以帶出影響並且以正確的方式運用，是可以讓他與真實事物保持接觸，且帶來效用。因此，阿妮瑪一方面帶來了膨脹的錯覺，但另一方面，她也揭示了真相。

　　以其本性出現的阿妮瑪，如果以人格面具或男人自我覺知所理解的標準來看，是不符合現實的。她會將世界搞得一團混亂，每個男人都會是我行我素的。這是無政府主義者和獨裁者的哲學。一個男人如果阿妮瑪上身，會覺得自己可以隨心所欲。但是，現實是與這種處世方法相抵觸的。他遲早會違反社會規則，而且要面對這一切的後果。這個人總不能告訴法官說他受到了法律以外的其他因素

所影響，或說「忘了自己是誰」，藉此從不講人情的正義脫身。

奧德修斯（Odysseus）[12] 在與瑟西（Circe）相遇時，對阿妮瑪的處理是相當成功的。瑟西為了展現阿妮瑪負面的轉化力量，將男人變成了豬。男人在這情況下，完全相信阿妮瑪的幻影而沉迷於享樂的誘惑中，可以說是失去了人類的意識；他們的自我已經被拆毀了。奧德修斯因為有了赫密士[13]的忠告，而得以與她建立起關係，讓她在與他上床前願意承諾保證他的安全和手下們的福祉。這樣，他和他的船員就得以留在島上，在接續的旅程之前可以好好休息，慢慢地取得阿妮瑪體驗中可以恢復青春的好處，而不必淪為她負面毀滅力的獵物。

阿妮瑪是無意識的，我們需要帶領她進入與人的關係之中。榮格經常說，無意識不知道自我和自我世界是什麼樣子，必須經過教導。積極想像所扮演的角色之一，是去完成這個指令：告訴無意識，現實生活的需求和要求是什麼，因為她不知道這一切，需要被說服。我們需要有奧德修斯的策略，也就是從棘手的討價還價開始（他將劍尖頂著瑟西，威脅她，在上床以前要求得到承諾），然後也知道何時應該屈服。如果能夠成功地完成這些，這男人也就能

12　【編註】《奧德賽》（*Odyssey*）是古希臘最重要的兩部史詩之一（另一部是《伊利亞特》）。由盲詩人荷馬所作，延續了《伊利亞特》的故事情節，描述了希臘英雄奧德修斯（也作尤利西斯〔Ulysses〕）在十年特洛伊戰爭結束後，又漂泊冒險了十年，才回到了故鄉伊薩卡的故事。這部史詩是西方文學的奠基之作，一般認為創作於公元前八世紀末的愛奧尼亞，即今希臘安納托利亞的沿海地區。

13　【編註】赫密士（Hermes），又譯荷米斯。希臘神話中宙斯與邁亞的兒子，是奧林匹斯十二主神之一，對應於羅馬神話中的墨丘利（Mercurius），占星學上的水星。他是邊界及穿越邊界的旅行者之神，亦掌管牧羊人與牧牛人，辯論、詩、文字、體育等均與赫密士有關，亦為商業之神。

涵容阿妮瑪諸多的影響，既不會墜入這一切，或讓這一切付諸行動，也不會讓這一切遭到壓制和忽視。如此一來，他發展出獲得靈感和創造的內在能力。阿妮瑪成為他自己的阿妮瑪化／活力來源（animation），而相應的人格也逐漸形成。透過學會喜歡自己的情緒、自身的沉思，和他那富有創意且不平庸的思考，他開始能夠學習屈服於非理性觀點的樂趣。能夠允許自己變得非理性，是很自由而釋放的。這個男人開始可以成為生命的詩人，可以變得不可預測，不具一致性。這令人振奮和好玩：當男人學會在自己的內在世界裡玩耍時，阿妮瑪也就成為了他的玩伴。

玩耍[14]和親密關係是密切相關的。如果一個人不能玩耍，就不能進入親密狀態。男人對女人的吸引力在很大程度上取決於他的親密能力。經由阿妮瑪，男人可以學會非常親密的能力。當他能將阿妮瑪加以整合後，這男人可以增強自己的內在能力，而能進入玩耍的情緒，能夠孩子氣卻不會感到害怕。

而阿妮瑪經過發展，變得像伴侶或內在存在感那樣成為男人生命的一部分時，將能安撫對生命的憤怒和失望。當這男人中年的時候，他通常對於自己的人生累積了極大的憤怒和失望。也許他的孩子們長大了，卻沒有成為他想要的那樣；或者妻子不再像過去的她。也許，他自己無論在心智上或體能上都不如從前，或者他的事業跟原先期望的有很大落差。他可能變得憤恨不平，通常脾氣也不

14　【譯註】玩耍也是溫尼考特的觀念。有興趣的讀者可以參考《遊戲與現實》（心靈工坊出版）。溫尼考特用玩耍（play）一字，而不是競戲（game），強調的是玩耍是沒有固定規則，也沒有輸贏的，因此要有更多的幻想能力。這些年來由於網路遊戲的發達，game 這個字往往翻譯成遊戲，反而對過去的翻譯會有所誤解，因此在這裡改成玩耍。

　　　　　　　　　　　　　　　　男人・英雄・智者：男性自性追尋的五個階段

太好。阿妮瑪的存在可以化解這所有一切，給人一種柔和的感覺，並且紓緩憤怒。她允許玩耍，並提供了可以重新開始的感覺。

她允許短暫關係裡的親密，也許只是一個周末或一頓午餐的時間，而就算沒有女性在場也可以感受關係連結。一般來說，男人通常很難在沒有女人為他們建立親密的情況下，能夠變得親密並感受關係連結。舉例來說，一個全是男性的團體原先有的莊重氛圍，很可能隨著阿妮瑪女性的來到，就徹底改變了。一個已將阿妮瑪加以整合的男人，可以不需依賴女人，就能獲得親密和關係連結。他可以建立自己的關係，而這可以是**愛慾**（eros）的關係；他可以與男人、女人、孩子和野獸保持親密，因為他具有那種內在的能力。

阿妮瑪還可以讓男人富有想像力。阿妮瑪身為意象和幻想的紡紗者，可以幫助男人允許自己享受幻想，而不必相信它們。自我和阿妮瑪之間能打造出持久的關係連結。如此一來，男人有了自己的個性，因此離開了隨著對父親的認同而生成的父權體制。只要阿妮瑪／公主依然依戀國王，這個男人就無法擺脫父權體制，並從對人格面具的依戀中贏回靈魂。在使她脫離父權體制的根基上，英雄有了自己的靈魂。這樣一來，這個男人有了他自己的個性，包括他的情感（affectivity）、他的情緒生活，和他的內在。

無法贏得阿妮瑪

談到這裡，再談一次這個觀察是重要的：阿妮瑪體現出來的將會是非傳統的女性。如果男人依然過分處在母親世界內，因為阿妮瑪生理上是女性的，與母親的共鳴將會過於緊密，所產生的威脅會

讓這男人向母親進一步退行。因為這個緣故，這個仍困在母親世界的男人，是無法和阿妮瑪女人真正地墜入愛河的。母親不僅坐在門口擋住阿妮瑪，而且因為阿妮瑪生理上是女性，她和母親也就太相近了。因此，這個男人必須抗拒這個女性，否則就有向母親進一步退行的風險。因為這樣，他就不會覺得女人是有吸引力的，因為這樣令他感到太接近亂倫。

如果男人過分處在父親世界，對他產生威脅的將會是阿妮瑪女子對傳統的不拘，而非她是女性這回事。而這將是更能意識到的威脅。在電影《致命的吸引力》（*Fatal Attraction*），我們看到裡面的這個男人被拉向一位狂野而破壞性的阿妮瑪，因此帶來了災難性的後果，說明了一個仍嵌在父親世界的男人是如何從非傳統女人那裡感知到危險。一個過分處在父親世界的男人，可以成功地墜入愛河、結婚，並過著傳統的家庭生活，但他不能承受對阿妮瑪的全面體驗，因為她會威脅到與父親的連結。在緊抓著父親和父權制度之後的，實際上是退行回母親的威脅；因為如果與父親的連結鬆動了，走出母親的那座橋也就會消失；兒子也就被拉回母親。對這樣的男人來說，因為缺乏將父親加以整合而得以離開母親的內在資源，可能導致大規模的退行或是精神病性的崩潰。他對父親世界的承諾其實是基於對母親的防禦。與母親分離的程度，還不足以讓他放開父親。由於阿妮瑪的非傳統性試圖將他從父親中解放出來，她因此成為一個深遠的威脅；而他將會阻抗她。

對於受母親束縛的男人來說，阿妮瑪之所以是威脅，是因為她是女性。對他來說，阿妮瑪看起來像個巫婆，一個邪惡的怪物。對於受父親束縛的男人來說，阿妮瑪是個威脅，因為她是非傳統的。

對他來說，阿妮瑪看上去像個誘惑者和騙人的女妖 [15]。

在受母親束縛的男人當中，若以母親束縛的程度作為光譜，我們可以辨識出四個位置。首先，我們注意到沒有阿妮瑪的男人。他是深深內嵌於母親之內的男人，一點也不受女人吸引，幾乎就是看不到女人。通常，他的父親若不是缺席的，就是沒有能力幫助兒子脫離母親。實際上，他就是前文關於母親的那一段所描述的那種沒有母親的男人。他嵌入原型母親之中。他真實的母親出現的程度，不足以將他拉出來而進入外在世界。他的阿妮瑪還處於無意識層面。她還「沒有被聚合」（unconstellated），是屬於無意識層面未分化物質的混亂團塊（*massa confusa*）。

而與母親束縛程度少一點的男人，有著過早整合的阿妮瑪。他通常是帶有女性傾向的。他的身分認同是混合的，因為在離開母親而認同父親的早期階段中，男性與女性之間沒有明顯的區分。男性氣質元素和女性氣質元素還是混合在一起的，因此自我呈現出的色彩比一般人還更具女性氣質一點。雖然從他和女性氣質的連結中看似已經整合了阿妮瑪，但實際上男性特質和女性特質之間的分化還是不足的。他可能相當講究美感，表現出某些女性氣質和母性特徵。他在女性身上看見母親。女性的身體仍然相同於母親的身體：女人的乳房是母親的乳房，陰道則是充滿恐懼和威脅的，一點也不甜美誘人。

15　【譯註】女妖（Siren），又譯成賽蓮，是希臘神話中人首鳥身（或鳥首人身、甚至跟美人魚相類似）的女怪物，經常降臨在海中礁石或航行中的船舶之上，又被稱為海妖或美人鳥。在荷馬史詩《奧德賽》裡，賽蓮女妖們居住在西西里島附近海域的一座島嶼，島上是遍地是白骨。她們用自己天籟般的歌喉使得過往的水手傾聽失神，航船觸礁沉沒。

第三類，則是有著女同性戀阿妮瑪的男人。他可以與喜歡其他女人的女人戀愛。他受到女性的吸引，可以和她們做愛，但做這一切的時候彷彿自己也是個女人。他的愛人也必須是女人；他的愛慾是種女人對女人的體驗。同樣的，這出自於依然待在「母親之中」的結果。

第四類受母親束縛的男人，是有著稍縱即逝的阿妮瑪，也就是唐璜[16]這類的男人。他似乎是男人中的男人，對女人有著強烈的吸引力，性活躍，而且經常是淫亂的。儘管他表現出來的行為是對女人的愛，但實際上根本不對任一特定女人有愛。他的性是沒有愛慾的：對她們沒有情感。阿妮瑪尚未得到適當的聚合。他是個沒有心的戀人，實際上還是母親束縛的，同時也還沒對父親認同。男性氣質和女性氣質之間的分化，絕對還沒發生。

至於還在父親世界中的男人，以下對兩種位置加以描述。擁有完美主義阿妮瑪的男人是被父親的愛緊緊地束縛，以致於阿妮瑪的熱情不帶女性氣質的形式。他對父親和父親的世界堅定承諾。在這份堅定以及對於理想、完美性與精神純粹性的奉獻中，這個人感受到阿妮瑪。然而，所涉及的愛不是女性氣質的，而是更像三位一體中父與子間的聖靈（Holy Spirit）般的愛。某些古典形式的基督教義大力鼓吹對聖父的那種承諾，在這情況下，阿妮瑪是處於父親世界以及父子連結中的。這類男人可能會藉由娶一位女人而來接近某位強大的男人。這女人的父親才是他真正愛上的人。

16　【編註】唐璜（Don Juan）是西班牙家喻戶曉的傳說人物，以瀟灑及風流著稱，周旋無數貴族婦女之間，在文學作品中多作為「情聖」的代名詞。莫札特的歌劇《唐‧喬凡尼》（*Dan Giovanni*）根據同樣故事改編，以唐璜為主要人物，只是背景改在更西方的歐洲。

擁有完美主義阿妮瑪的男人還有另一種變體，也就是他自己才是完美主義者，致力投入崇高的理想，投入於純粹的精神生活、苦行禁慾或是美學本質等。某些作家或藝術家就屬於這個範疇，呈現出極大的精緻和完美。人們在他們靈性的、精確的、奧林匹亞層級的作品中看不見阿妮瑪的混亂。另一個例子是充滿熱情的牧師，他只愛天父，所有的心力和靈魂全奉獻給宗教和哲學的最高理念，看起來已經超越了性，或是將性轉化為宗教熱情了。

困在父親世界光譜另一端，則是具有傳統的阿妮瑪的男人。然而，根據定義，阿妮瑪是非傳統的。在這種情況下，她沒有完全地或原真地顯現出來，因為這男人是陷在父親之中，她也就沒辦法披露全部的存在。這個人依傳統規約而結婚，妻子是傳統的，孩子是傳統的，而事業也是傳統的。一切都是在一般尺度上下；而他致力於維持現狀並強化人格面具和父權的價值觀。這男人內在阿妮瑪那非傳統的存在，因為父親在場而阻滯；實際上他是嫁給了父親。這個人並不想要將阿妮瑪與父親分開，因為他早已承諾永遠和父親保持婚姻。

當一個男人透過啟動進入父親的世界而與母親的世界得到充分分離時，同時當男性的身分認同就像是內部結構般的安穩和鞏固，因而可以離開父親時，他就可以讓阿妮瑪赤裸裸、強而有力地接近他。他不需要對她有所防衛。他將能夠完成從父親手中得到她的任務；一旦她獲勝了，他就能與她結婚。英雄與阿妮瑪的結合表示在有著堅定男性身分認同的男人與女性氣質間有了相對穩定和永久的關係。他能夠在父親的、人格面具的世界裡發揮作用，但又不是完全**屬於**這裡。他能夠不再依循傳統，可以玩耍，讓自己在幻想和臨

界地帶飛翔。他可以變得非常具親密感卻不擔心迷失自己，因為他擁有必要的內部結構。他可以有創意及不落陳套的想法；他可以嘗試體驗各式感覺的風險。

一旦與阿妮瑪的關係建立了，他們就可以擁有孩子。從阿妮瑪與自我之間的這種關係所生下來的孩子是一個全新的自己。阿妮瑪的發展意味著透過與情緒生活的親密接觸以及對情感生活的認識而發展人格。這是整合情感生活的時候，是發展出人格的時候。一個已經與阿妮瑪發展出好的關係的男人，將擁有自己的人格，同時也是個人。因為這一切的結果，他能夠持續以新的存有，來與自性／大我（Self）[17] 相遇並經驗之。

17　【譯註】1913 年與佛洛伊德分手以後，榮格為了解決佛洛伊德所沒有探討的無意識心靈中的我，而採用了 self。這可能受到美國心理學家威廉‧詹姆斯（William James, 1842-1910）的影響。威廉‧詹姆斯在他一千二百頁的巨著《心理學原理》（*The Principles of Psychology*, 1890）裡，提出 self 的觀念，認為這是主題也是課題，是意識層面也是無意識層面，並且分為社會自我、物質自我和精神自我。榮格將這個字所代表的觀念視為言行意象，代表著人的潛能完全體現和整合完成的整體。在華文世界裡，榮格學者將這個字翻譯成「自性」，因為對榮格而言：「自性不僅是中心，同時也包含意識和無意識兩者在內的整個範圍；自性是這個整體的中心，正如自我是清醒的心智中心一樣。」（*CW* 12，段 444）。

然而，對榮格而言，自性的象徵往往擁有超自然，且傳達出一種必要之感，甚至存在著神意象的權威，是可以超越個人無意識而直抵集體無意識的。在榮格的作品裡，小寫的 self 和大寫的 Self，經常是交互使用的；但大寫往往帶有超個人的意味，甚至是神性的代稱。因此除了自性，也可以翻譯成「大我」。佛洛伊德學派到了六〇年代以後，受這個字開始廣為使用，基本的原因就是佛洛伊德本身的理論結構框架並不足以涵蓋臨床工作所體會到的情境。於是，包括自體心理學的柯胡特（Heinz Kohut, 1913-1981），和英國中間學派溫尼考特，self 成為他們創新發展的精神分析理論重要的核心，一般翻譯成「自體」。只是中文的讀者要記得：自性也好，自體也好，在原來的英文都是同樣一個字。

一段小插曲

榮格最早的發現之一，來自一九〇〇年代初期還是住院醫師時進行的字詞聯想實驗（WAE, Word Association Experiment）。他透過這測驗工具，發現情結組織的相似性可以在家庭中識別出來。舉例來說，母親和女兒的反應能看見非常相似的情結。這一發現可以說是家庭系統理論的起點。儘管榮格後來從未對這議題進行重要的追蹤研究，但其他研究人員卻發現了情結連續在代間傳遞的證據。他們將這稱為文化情結，在某些情況下則稱為世代情結。家庭在歷史某一時刻的創傷，例如父親的自殺或殺人，可能會世代相傳。對事件的集體記憶以及對妻子和孩子的衝擊，可以傳遞給兩個、三個、四個或更多個的世代。這現象在前蘇聯的幾個國家已經有了廣泛的研究。

榮格的早期研究之一，是討論父親對個人命運中的作用。[18] 榮格討論了父親情結對孩子，包括兒子和女兒的影響。他的討論基於以下發現：家庭系統建立在情結的結構上，而這些情結的結構是從父母傳給孩子的。無意識情結世代間的傳承過程，在俗語中有著很好的描述：「蘋果不會掉離蘋果樹太遠。」

父親與其阿妮瑪的連結方式，以及他自身阿妮瑪的發展程度，對兒子以及兒子阿妮瑪聚合的方式都會產生衝擊。這不是生物學上的遺傳，而是透過心靈的影響和傳遞，是透過細微的行為姿勢和建模來進行的。在對父親認同的同時，兒子不僅內射了父親的人格面

18　榮格（C.G. Jung, 1909）〈父親在個人命運中的意義〉（The Significance of the Father in the Destiny of the Individual）。收於 *CW* 卷 4, 段 693-744。

具，同時還有他無意識的許多面向。父親的內在動力，包括他的自我與阿妮瑪之間的關係，以及他一生中處理「阿妮瑪問題」的方式，將對兒子如何面對同樣的內在角色有著相當的影響。

最好的情況是，父親有效地處理阿妮瑪，加以整合，而成為個性的一環，這樣一來他與阿妮瑪的關係，成為意識與無意識之間能自由交流的其中一種。如果父親的愛慾是自由的，沒有受到父親或母親結構的束縛，那麼兒子也將會有同樣的體驗。兒子可能見證到父親並沒有與妻子綁在一起（他不是「怕老婆」）；如果有的話，那就是母親束縛著的阿妮瑪。或者，兒子因為看到了父親的傳統或完美主義，而見證了父親束縛。最好的情況是，兒子在父親身上看到自由而整合的阿妮瑪發展，他見證了在父親身上有著愛情和工作的自由，而不受母權或父權的束縛。如果一個兒子看到的是一位自由的父親，那麼他在往後的日子，甚至終其一生，他能自由釋放阿妮瑪的機會將大大增加。

有許多問題，像我們先前所提過的那些，是可能會出現的。例如，如果父親的阿妮瑪緊貼著父權制度，那麼父親將是傳統而完美主義的。如此一來，兒子可能會傾向對這一切反叛，或者是透過模仿父親而跟隨著父親的腳步。也有可能出現的是，父親的阿妮瑪補償著母親的冷淡。她可能是一個情感冷淡的女人，嫁給了她的對立面（這是經常發生的情況），也就是嫁給一個溫暖而外傾的丈夫。父親變得在兒子在很小的時候就跟他非常的親近，而母親只是在背景裡，多少是保持距離的。母性的父親可能會對兒子補償過多的親密感和愛慾，之後將會帶來問題。兒子將在情感上與父親產生束縛，所尋找的父親形象是要那人扮演相同的角色，而不是扮演導師

的功能，引導他進一步走向世界，因此他的獨立發展也就受到阻礙了。

如果父親的阿妮瑪是被母親鎖住的，同樣也會出現問題。例如，父親可能是唐·喬凡尼型的，在這種情況下，雖然他的阿妮瑪意象擺脫了母親，但情感的影響則不然。換句話說，他可以四處追求女性，並與這些女性發生性關係，但是戀愛的感覺卻是鎖住的。在他的淫亂行為之下，他是受母親束縛的。他的愛慾仍然忠實地緊貼著母親。如果兒子看到他的父親是這種類型，四處調情而讓妻子受到傷害和痛苦，這個兒子一般也就無法對父親產生認同。在家庭爭執中，他將站在母親這一邊，與父親對抗。因為他看到父親的阿妮瑪在世界各地亂竄，他也就抑制了自己的性慾。他傾向於成為一位「好男孩」，成為母親和母親權利的捍衛者，過分忠誠於母親的形象以及凌駕於男人愛慾和行動自由之上的女性特權。他自己的性，往往是受到阻礙的。他可能會透過照顧母親或慈母般的人物來對抗父親，甚至會為了照顧對方而與女人結婚。由於父親本身是如此受到了母親的束縛，兒子的獨立和自由發展也就再次出現受阻的情形。

通常，在阿妮瑪的圈子裡，男人會透過投射來體驗這個心靈角色，通常會投射到一位非常規的女子，與她墜入愛河。她作為他的阿妮瑪，代表了他未來的心理發展將到達所謂的個體化的經典時期。但是他會有個問題，就是如何與這位在投射中為他承載靈魂的人建立關係。究竟應該是跟她一起走，與她結婚，和她一起生孩子，還是在象徵層面將這體驗視為內在的挑戰，因為由此進行的探索，將帶他入心靈內在的深處，而不是外在的關係，畢竟後者到了

最後可能只是又一次地重複先前的關係。他究竟要如何解開這個阿妮瑪難題，才可以創造出邁向個體化的最佳步驟呢？這個問題不僅提出了與這情境顯然有關的倫理和道德問題，也讓這些問題進一步複雜化。

在尋求純粹內在的解決方案時，這男人可以將這些體驗視為阿妮瑪的聚合或投射，並且運用古典的榮格學派方法來處理它們（例如積極想像或夢分析等等），避免對人際層面上採取任何與所謂的「外部的人」有關的行動。這種策略通常導致不育；這關係中將會沒有「孩子」。這實質上也就變成了自體情慾的（autoerotic）。這種結果的外部表現，常常是憂鬱、缺乏活力、憤怒、某種未能實現的、受傷的，或者關係被剝奪的感覺。

這種情況所反映的一切已體現在神話中。在希臘神話中，父神宙斯（Zeus）愛上了塞梅勒（Semele）並且使她懷孕。她要求親眼見宙斯一面；但看到宙斯真實面貌會帶來危險，因而他們只能在晚上相見。最終，他被說服，向她展示了自己；但是他外表的熱度和明亮將塞梅勒燒到只剩灰燼。宙斯從她身上搶走了他們的胎兒，並將其植入大腿好讓胎兒成熟長大。最後生出的這孩子就是戴奧尼索斯（Dionysus），這位狂喜、醉酒、美酒之神，是女人的神。當希拉（Hera）知道了這一切，她為了宙斯的不忠大為惱火，更重要的是，他篡奪了女性的生育權。她於是選擇自己單性生殖的方式，並且完成了三次，生出了赫菲斯托斯（Helphaistos）、艾瑞斯（Ares）和堤豐（Typhon）。赫菲斯托斯天生跛腳，雙腳是向後轉的，承受著自卑和嘲笑。他代表著受傷，反映了殘廢可能是單性生殖的結果，而內在固有的單性生殖可能發生在試圖純粹只從內部

來解決阿妮瑪問題時。次子艾瑞斯成為了戰爭之神。他是攻擊和憤怒，緊隨著這個解決方案而來。第三個兒子堤豐表現出了更加極端的憤怒反應：颱風，大自然出現的巨大動盪與祂有關，意味著暴力和嚴重的情緒不穩將是這種內在解決的後果。

因此，被迫流產的阿妮瑪，其整合完全貶降到內部層面，而這些兒子代表了因這些遭遇而出現的情感後遺症；他們不是正向而「自然的」孩子與解方，也無法貢獻心靈的未來。榮格曾提到「人格面具的退行修復」（regressive restoration of the person），當一個人深陷於阿妮瑪危機後，他如果不是好好走過這整個經歷而來到整合更好的另一邊，而是以退行來試圖修復這個人格面具，想要恢復先前的身分認同，試圖「挺過來」，這樣的人將會變得憂鬱、受傷、生氣、不滿足。

如果這男人尋求完全從外部來解決阿妮瑪問題，那麼他可能會離婚、再結婚，也可能開始了第二個家庭。純粹往外在來進行解決的行動是基於衝動和本能的，沒有對自己的所作所為作任何反思，結果，這些行為將一次又一次地重複。這些關係將會依循相似的方向而發展，與這位女性無法建立關係的原因，將會跟與下一位女性無法建立關係的原因相同。

那麼應該採取什麼樣的解決方法呢？這答案又是什麼？有時，這兩個解決方案當中的某一個，在特定情況下可能是最好的。當然，這結果應該會反映出有個關係已經建立了。確實，在自我與阿妮瑪之間應該要存在著像婚禮一樣的永久連接。如同許多歐洲童話，在格林兄弟的童話故事《白蛇》，英雄確實成功地追求了這阿妮瑪人物，而且結了婚，也就是在一個男人的自我意識與阿妮瑪無

意識之間有了象徵上的連結。（可詳第五章）

從自我與阿妮瑪的結合中誕生的孩子，象徵著自性／大我。關於這個後代，我們可以稱為**精神指導者**（*spiritus rector*，即 guiding spirit）。這個孩子將引導自我在未來進一步追尋意義和目的。阿妮瑪與自我之間對抗的解方，必然會包括某種程度上像是婚姻的結合，這是一種自我與阿妮瑪之間永久結合的感覺，無論主要是內在還是外在的，或兩者皆兼而有之。完全內在或完全外在的解決方案都會有所不足，必然要有某種程度上的組合。這裡必然要有個外在關係，否則解決方案將是自體情慾的；這裡對關係的意義必然也要有內在的感受，否則一切只是純粹的重複。

最後，這個關係必須要有超越這關係的結果。與阿妮瑪的關係本身並不是最終目的，雖然我們的童話故事都是到此為止。精神指導者的確是愛的孩子，他是經由在男人意識的自我和性格與代表非理性、狂野、非常規、女性特質這一面的阿妮瑪，在這兩者之間體驗而持續演化出來的。這樣的結合，是發生在父母各自確立的束縛之外。愛的孩子總是出生在婚姻生活的束縛之外。它代表著某一定程度上擺開了法律和傳統的自由；孩子也將與眾不同。

顯然，在愛的孩子和有問題的混蛋孩子之間，有著細微的差異。愛的孩子才是與阿妮瑪成功對抗的結果，在這裡的孩子指的是象徵層面，而不是具體的或字面意義的。如果是具體的，那麼他實際上就是個混蛋，誕生在婚姻之外。他將以行動表現帶來問題，且是父親世界中被流放之人，總是叛逆、嫉妒、尋求機會來推翻這世界的秩序和結構。為了有成功的結果，愛的孩子就必須是象徵性的，這個結合的果實是非生物形式的。但如果他是具體化的，不論

男人・英雄・智者：男性自性追尋的五個階段

是任何其他方式，例如書本、藝術品或方案，結果將是前面所討論的重複性；因為，當產品完成時，一切就結束了，對心靈沒有持久的價值。但如果對孩子是象徵性地加以抱持，將不會迷失於心靈之中，而是由內部發動指揮。它將維持在心靈現實的水平上，而不是在表面現實水平上的實體化和迷失。所以，最理想的狀態是，結合的產物是象徵性的孩子，主導的精神。

赫密士就是象徵性孩子的一個例子。赫密士是宙斯（與代表婚姻法則的希拉婚配）與仙女邁亞（Maia）之間愛情結合的產物。作為父權統治者宙斯和非傳統女性邁亞的後代，赫密士將成為希臘神話，以及後來的煉金術中一位關鍵性的人物。赫密士出生於山洞，生命的第一天就做出了非凡的事。他十分有創造力地從烏龜殼中發明了七弦琴，然後餓著肚子去阿波羅的牛群偷牛（他是賊崇拜的神）。阿波羅非常生氣，將赫密士帶到宙斯這位法官面前。宙斯讓兩位兄弟和解，並且交換了禮物，用七弦琴換牛。於是，阿波羅成為音樂之神，就像赫密士成為牧羊人之神一樣。透過赫密士與阿波羅之間的這種關係，希臘人在以阿波羅為代表的理性精神與赫密士的過渡性／臨界性（liminality）之間取得了平衡，而赫密士是非理性、盜賊、夜晚、突發的靈感、薩滿等等這一切的神。當阿波羅以理性運作時，赫密士則是以機緣運作。

藉由宙斯對這兩個孩子的調和，希臘人找到了這兩種生活態度之間的平衡，這兩種態度對於一個人的完整性都是必需的。沒有阿波羅的理性，一個人就幾乎沒有穩定性；但是沒有赫密士的精神，一個人就缺乏創造力和靈感。如果不將赫密士納入諸神並列的萬神殿，那非理性主義的局外人可能引發革命，將「常規」推翻。因

此，將赫密士納入萬神殿是希臘精神的一種嘗試，想要尋求包容、多元和民主的解決方案，以因應眾神的種種精神面貌。在基督教的傳統中，經由聖徒之間的種種面貌，也取得了同樣的調節效果。

後來，赫密士成為嚮導，將宙斯的訊息傳遞給凡人的信使之神。從心理學上講，他代表直覺。如果一個人與赫密士有著很好的連結，就可以知道自性究竟要什麼，並可以就生活中複雜的決定來詢問自性。因此，赫密士化身為引導精神，也就是自我和自性之間可以詢問的領導精神。來自自性的訊息可以透過夢（赫密士也是夢之神）、共時性（偶然事件）或開大門等方式來表示，而這些往往就是生活問題的解決方式。而赫密士一直在推動著這過程。

在聖經中，我們同樣可以找到有啟發的故事，像大衛王和拔示巴（Bathsheba）的故事，她是大衛王麾下大將烏里亞（Uriah）的窈窕妻子。大衛王看到了在屋頂露台上沐浴的拔示巴全裸的美麗，因此決心要擁有她，於是安排烏里亞在戰鬥中被殺死，而將拔示巴納為他的妻子。他們的結合最後是令人相當滿意的，他們的孩子之一繼承了大衛王，就是充滿睿智的所羅門王。我們可以將這故事理解為象徵層面上引導精神的誕生。大衛王成為了一位著名的詩人和作家，這一點很有可能是由於他的阿妮瑪連結，而且他的死亡是十分安祥的，長壽而富貴。

【第四圈】
自性：傳道人的時代

在第四圈，我們從英雄時代轉化到成熟男人時代，這裡由自性

提出了主要挑戰。在這裡，我們所討論的是人格發展已經達到第四階段的男人，這些人的層次已經相當領先了。在平常的生活裡，大多數的男人都沒有走這麼遠。一般來說，大部分都以某種方式困在母親或父親的圈子中，或者在英雄的身分認同中被固定住了。如果這在心靈中有著某種程度的註記，就會是以無意識和投射的形式，或許會是類似於電影或電視的方式，讓心靈世界在他們眼前呈現出來。他們對內在世界及其特徵是少有自我覺察或清楚意識的。他們不關注自己的夢境，從不花時間試著去理解夢境對自己的人生所帶來的意義。他們只生活在二維的世界，而非與無意識接觸所提供的三維面向。

我們現在將談論的是生命的下半場和朝向第五圈的移動，這與生命最終的超越意義有關。進入個體化後期的男人已經擁有豐富的生活經驗，並獲得相當大的自我覺察和意識。一般來說，他們在專業上和社交上都非常成功。他們能瞭解內在的現實，也意識到許多的情結，包括母親、父親、阿妮瑪等等吸引的力量，因為他們已經與這些情結分離並且可以與之相處了。這樣的男人有著自我控制，同時也知道自己沒辦法掌控自身的命運。自我開始與更崇高的人格，「自性」，建立起順從關係。

從第三圈與阿妮瑪的對抗和互動之中走出來，於是在第四圈有了**精神指導者**的誕生。此時呈現的心靈功能有幾個典型的特徵。一個與內在嚮導保持連結的男人，無論是在個人生活的選擇或是公眾地位上，他都不再從集體或是團體的共識（人格面具）當中汲取重要的線索。他是由自性引導的，是透過對自己的個人願景和不斷浮現的自我認識來找到方向。他有自己的神話。他的人生願景不一

定要立基於像「通往大馬士革之路」[19] 如此戲劇性的經驗。這可能不是很明確表現出來的，而是如同自身的直覺感受般運作而導引著他。引導的功能對他來說可能部分還是無意識的，而操作的方式就像是內在有個定位的陀螺儀一樣。

　　精神指導者是一個不可思議的嚮導。這是因為如果依照平常的標準來說，它看起來不是理性的。它的指示和訊息暗示著對生命有著無意識層面的大計劃或視野，是生命歷程的預設過程，這並非由文化決定，因此也不可預測。經由基於強烈的直覺和對自性的體會而做出的選擇，無意識的生命計劃於是浮現，隨著時間而顯現出來。蘇格拉底稱這是他的守護神代蒙（ *daimon* ）[20] 的聲音，在諸如雅典法院要他選擇喝下毒菫汁或流亡國外的這種須作出生活重大決定的時刻，可以提供諮詢。代蒙只會對負面的有所回應，其他的則是保持沉默。當蘇格拉底問是否應該接受毒菫汁時，代蒙沉默了。因此，他毫不疑問或猶豫地喝下。在這基礎上所做出的選擇，在一般的認知裡是非理性的，蘇格拉底如果要捍衛自己的決定確實是困難的，因為這看起來是在自殺。然而，他的選擇依循自己生命的計劃：如果他離開雅典而流亡國外，他就沒有忠於蘇格拉底之所以為

19　【編註】保羅歸信（Conversion of Paul the Apostle），指《新約》中使徒保羅（天主教譯為聖保祿）在往大馬士革路上，決定改信基督信仰一事。根據《使徒行傳》記載，當時掃羅（後來的保羅）被擊倒，眼睛因受比太陽更強的光刺激而暫時失明，並聽見耶穌的聲音，幾天後在大馬士革被治癒並受洗加入基督教，並成為基督教對外邦人宣教的主要使徒。「通往大馬士革之路」（road to Damascus）」被用來指心靈的轉變。

20　【譯註】Daimon 這個詞來指引導人類發揮天賦的心靈本能與力量，也有個人內在精靈或者是神魔的意涵，一般翻譯成代蒙、戴蒙或內心精靈。榮格及其後繼者認為：人人生而擁有代蒙，這個內在心靈代蒙擁有強大的能量，驅使著每個人追求實現自身的天賦潛能，成就自己的天賦使命。

蘇格拉底的基本意義。他就不再會是蘇格拉底了。

精神指導者給人「這就是我」或「這不是我」的感覺。作家們經常會說，他們花了好幾年才找到自己的「聲音」。他們可能在學生時期就已經發展了寫作技能，但他們知道，要找到個人的風格則是另一回事。這種風格，也就是他們的「聲音」，涉及了獨特組織事物的方式，表現出忠於自己的言語表達節奏和模式。例如海明威（Hemingway）和福克納（Faulkner）兩人的風格是相當不同的。這並不是由他們各自的自我憑藉意識打造出來的。海明威不是從一開始作為作家就相當有意識地決定以簡短句子來書寫；他發現當他通過這種方式來書寫時，他就是海明威——沉默寡言而十足男性的男人、英雄般的戰士等。作家的風格將會與他性格的其他面向一致，足以表現出他的本質。這個獨特的風格是精神指導者給予的禮物。

精神指導者的展現並非僅僅侷限於知識分子和有成就的藝術家。每個人都有能力成為自己生活的藝術家。當男人在下半生做出了關鍵的選擇後，這些選擇開始勾勒出他作為成熟男人的基本特徵。他們不再模仿父親或母親的風格。到了中年，他開始超越那些早期的影響力。

一個人如果沒有在精神指導者所賦予的整合性情況下生活，問題就會出現。他能拒絕或推翻它提出的方向，依循常規的行為準則來生活，根據人格面具的要求來決定自己的方向，而不是依循內在自性的聲音。我們旋即注意到，這樣的男人缺乏活出真實的勇氣。實際上，這樣的人在任何文化中都是很容易找到的。這些人可能在社會上過著成功人士的生活，在文化上也過著周全的生活，但他們

並不是得到個體化的男人，所以當與他們相遇的時候，你不會對他們留下任何獨特的印象。他們是願意為公司赴湯蹈火的人，是依刻板印象而剪裁出來的。然而，像是榮格和佛洛伊德這樣留下獨特個人意象的人，則都是基於他們的本質。他們各自遵循精神指導者異乎尋常的指導，而演化出獨特的風格。這個因素貫穿了各層次的活動，就連日常生活中最具體的決定都包括在內。他們是原創者，不是模仿者。

這種指導是非理性的，但並不意味就是瘋狂或荒謬的。這表示生命中決定性的選擇，是沒辦法很簡單地從先例衍生而來。如果有人對某人的基因組成、所屬文化和心理社會史全都明白，他還是無法預測精神指導者對他下一步的引導會是什麼。如果我們對一個人的背景有足夠的瞭解，一開始的時候多少可以預知其一般個性，但對他個體化過程的細節還是無法預測的。一個人性格裡的神祕本質在生活當中展現開來之前，是不可知的。只有隨著他離開母親的懷抱和父親的家，然後遇到阿妮瑪並發現了自己的個性，一路發展到可以透過適應精神指導者的微調來感覺到自己的聲音，一個人才會在人生的下半場慢慢在心裡深處明白自己是誰。.

隨著自性的本質越來越被男人有意識地提取，它在心靈中的位置也就慢慢從無意識走向意識的層面。就像太陽的升起，雖然遙遠但十分明顯。自性在意識中的誕生是更早以前與阿妮瑪建立關係的結果，這種關係打開了一扇通往無意識的門，讓精神指導者可以成為意識層面的功能。現在，阿妮瑪成為了中介的心理功能，不再擬人化或意象化成女性形象，而是作為與自性之間進行溝通的樞紐。這階段的阿妮瑪，已讓位給精神指導者。她開闢了通往自性的道

男人・英雄・智者：男性自性追尋的五個階段 ├────

路，創造了內在空間的領域。這結果產生了一種兒童般的新能力，可以以成人的方式，自發地玩耍遊戲並發揮創造力。想想晚年歌德的狀態就是這樣。

有時，也許是經由靈視，也許是大夢，也許是印象深刻的積極想像，由於與無意識的強烈相遇，發生了對男人餘生志業的召喚。我在《中年之旅：自性的轉機》（*In Mildlife*）一書中描述了這種體驗。當奧德修斯降臨到冥間，去與提爾西亞斯（Tiresias）見面，並詢問如何回到他心愛的伊薩卡（Ithaca）的建議時，這位盲人先知告訴他如何回家，但也說他不能永久待在那裡，直到他完成另一項任務。他指示他帶著槳，然後往內陸開始一直走，直到找到了不知道槳是什麼的人們，在那裡才把槳種在地上。簡而言之，奧德修斯被要求成為海神波塞頓（Poseidon）的傳道者，奧德修斯因殺死了這位海神的兒子，獨眼巨人波利菲莫斯（Cyclops Polyphemus），而得罪了祂，因此祂透過迫使奧德修斯在公海四處尋找回家的路來迫害他，無望返鄉。他必須承擔這個使命才可能向這位憤怒的神請求贖罪。

換句話說，在中年之後，一個男人並不是去尋找永久的休息場所或舒適的家。相反的，當務之急是要做更多的事情，而且主要不是為了自己而做。當務之急就是服務，這服務因其目的遠遠超過個人自我實現而有了光環。這樣的服務也就是為神服務，即成為自性的代理人。

榮格在中年危機以後說，他知道自己不再只屬於自身，而如今是屬於一般性。他感到有必要去分享自己的經驗並加以談論，才能進一步地去引導他人的意識。他剩餘的一生都是根據他在《紅書》

中所提到的中年經歷，來撰寫相關的心理學書籍；《紅書》是他的《新約》，他將這書命名為 *Liber Novus*（拉丁文，新書的意思）。好好去闡明心靈的現實，已經成為他的人生使命。從聖保祿的信仰轉變及其對他一生的影響，也能看到同樣的情形。當聖保祿在通往大馬士革的路上被明亮的光線盲了雙眼的那一刻，他經歷了自性的戲劇性召喚，這讓他能夠撐下去，並且為他的餘生賦予了生命意義。他將所有能量投入到自己的使命中，並成為我們從他後來的信件中而認識的聖保祿（使徒保羅）。他透過對這神聖體驗之意義的理解和體現，發現了自己的神話。

在我們此處的反思裡，出現了一個重要的倫理問題：一個人如何分辨我稱之為「真正的使命」與被誤導的使命之間的差異？誤導的使命是由驕傲、受傷的自尊、早期的創傷和怨恨等等所啟動。誤導的使命也是無意識情結的非理性驅動，可以稱之為神聖命令的陷阱。就像希特勒一樣，「內在的聲音」所勸說的可以是邪惡。一個人因此落入邪惡之手，受到邪惡掌控如受善良掌控一般，並且有著被精神指導者指引的感覺。這是為誰服務或為何服務的問題。希特勒將永遠代表一個被邪惡之靈所附身的人。有時，唯一可以幫助人們區分光明與黑暗的，是道德和倫理的傳統所提供的種種。

精神指導者所帶來的願景，是一種讓生活計劃更有意識感的形式，可以幫助一個人好好組織有關未來的能量。它提供了一般的方向感，儘管通常不是特定的。它提供了一個象徵，暗示心靈能量可能的流動途徑。沒有指導視野或個人神話的男人，將會不知道該將能量放在哪裡，因此只能依靠他人或文化來指導他。由精神指導者的行動而逐漸浮現對更大自性的意識覺知，對於下半生以個別的

方式來疏通能量是至關重要的，因為這表示有意義的活動還是可能的。因為精神指導者是心靈中活生生的存在，它是方向感和靈感源源不斷的根源。一個人可以透過內在的對話而回到這裡，並在它的願景中得以更新。這象徵受到了阿妮瑪，即生命力的支持，因此充滿了活力。

一個人的基本計劃，只要是好好聽精神指導者的訊息，並誠實地遵循它的方向，這樣計劃對他來說，就會再清楚不過。誠實是真實性。我們可以說這是存在主義者所說的真實生活，或者是榮格所表示的宗教般的生活。

丹麥偉大的哲學家和神學家齊克果（Søren Kierkegaard）將個人發展的階段分為三個時期：美學、倫理和宗教。第一階段基於快樂原則，莫札特歌劇《唐‧喬凡尼》是典型的呈現。這階段的男人被關在心理發展的母親圈子中，是個永恆少年。第二階段引進了道德價值觀。在這個階段，個人透過法律和對錯的相應觀念來指導自己的生活，並發展出如同律師般的方式來做出困難的道德決定。他在父親圈子中，信守法律原則，過著倫理生活。這個階段透過齊克果所說的「信仰之躍」，由宗教階段接續或超越。此時，這個男人是英雄，一位「信仰的騎士」。當生命的某個時刻，法律對他所面臨的挑戰顯得不充分或不相關，他就會站出來。在這個階段，精神指導者的聲音占主導地位，它要求服從。自性的聲音並非從法律衍生出來，而是根植於心靈的原型深度。此時，一個人的意義感不再取決於快樂或本能慾望的滿足，也不是取決於對法律的服從，而是取決於實現自性意志的優先考慮。此人被願景所吸引，引領他超越了法律的界限。齊克果的聖經榜樣是亞伯拉罕，他聽到上帝的聲音

命令他要犧牲兒子艾薩克（Isaac），而這違背了父權的法則。他已然離開了父親原型的圈子，進入了自性的圈子。這是跨入服從相當基進的一步，是對訂定法律的人的服從，而不是對法律。

雖然精神指導者在平常生活中提供的只是許多平凡的指導，但跟隨精神指導者進入宗教的這一步驟，等於是進入了另一個存有的領域，也就是精神世界。從法律的角度來看，倫理命令被精神命令所超越的時刻是相當模棱兩可的。這是不能以規則或法律來進行評估、證明或辯護的；它是它自己的命令。

前期的階段並不需要因為進入這些較晚的圈子，就被丟在一旁。這些可以透過一些重要的方式得到對應，但是一個人不會放任不管自己的陰影，也就是他人性的缺陷和弱點，那些他與母親、父親和阿妮瑪之間尚未解決的問題。前期的圈子現在也許不是那麼明亮，但也還未完全被刪除。那是在每個生命中，即便是一個偉大的人也總是無法解決的殘留。

【第五圈】
上帝：智者的時代

現在進入第五圈的討論，我將探索很少有人能有意識地到達的發展階段，儘管每個活到老年的人都以這種或另一種方式進入該階段，因為這提出了一個人生命意義的問題。我們可以看到這一階段清楚呈現在著名人物的傳記裡，例如俄國小說家托爾斯泰（Leo Tolstoy）和哲學家維根斯坦（Wittgenstein）。這兩個人都以自己的方式處理了生命的意義和上帝的問題。一個人無論是尋求既定的宗

教傳統，還是以個人來嘗試這種尋找，目的都是相同的：去接觸終極存在（the Ultimate），或是保羅‧田立克（Paul Tillich）所謂的存有之根基（the Ground of Being），並尋找有關生命意義這問題的答案。

在個體化過程的後期，就像我們將看到的那樣，會涉及與具超越性的自性深處的交流和掙扎。這不是像學習冥想，或將注意力總是分散的心智加以清淨那樣簡單的問題。實際上，這意味著要面對自己內部和宇宙內部最深層的悖論，單一的現實卻有兩個面向。在這種交流中，人們發現了光明與黑暗，生與死的泉源，以及創造與破壞的能量。我們可以將這視為在心靈範圍之內和之外與上帝的對話。當談到對話時，我遵循的是猶太思想家馬丁‧布伯（Martin Buber）關於這個問題的論述，同時也遵循榮格後期作品《答約伯》（Answer to Job）中所描述他與聖經上帝意象的交流。這是十分認真的交流，是一場**爭吵**（Auseinandersetzung）。

因為在第四圈，人連結了精神指導者，所以也就遇到了上帝與自性對立的問題。如果沒辦法在第四圈中獲得這種連結，個人只好接受傳統的觀點，這個更根本的問題也就永遠不會再出現。然而，精神指導者的體驗引導著人們遇見自性內部所混雜的善與惡、男性與女性，以及其他兩極與悖論。

當一個人的年齡來到第七個和第八個十年，通常伴隨了越來越迫切的需求，想對生命的意義和模式有更完整的看法，以期對生命有更全面的認識。針對這當中的一切含義以及一切總和所興起的黑暗沉思，是高齡人士在某個階段的反思中經常會出現的。他們可能被診斷為憂鬱症，但其實並沒有那麼簡單。這種情緒並非沒有

意義，基本上不是生物學所引起的。這是存在的議題。這些人在回顧自己的一生時，常常會根據個人歷史中的某些關鍵性決定和轉捩點，不管是好是壞，試著去接受他們在生命中所做出的這些選擇。通常，這會以道德的議題呈現出來：我是不是做對了？或者，可能會更像是個情感問題，例如：我是否充分地遵循了自己的熱情，還是逃避了熱情的召喚？晚年的這種反思是試圖找到自己對已經活過的特定生活中有關意義問題的答案，並且對這一切進行公正而平衡的評價。而靈魂就如同古埃及人對死後審判的想法，是被放在磅秤上，與羽毛相比較。這可能是一個持續而漫長的反思。煉金術士會稱它為冥想（meditatio），一種長時間的冥想，涉及了與好天使和壞天使的內在對話，是和黑化（nigredo），煉金術意象中渡鴉的境界，一起出現的。

除了反思自己的生活之外，年老的男人轉向哲學，開始思考人類生活本身的意義。人類究竟為什麼存在？我們在這個星球上，在我們美麗而令人敬畏的地球上的存在，到底是好事還是壞事？在廣闊的恆星和星系宇宙中，人類意識的意義是什麼？當然，這些問題是無法回答的，但隨著人們漫長一生趨近終點時，提出這些問題是重要的。一個人經由漫長的冥想而得到的觀點，將是他留給後代的重要遺產。他會留下悲傷而痛苦的意象？還是留下充滿希望和鼓舞的？或是一個平衡的意象，兼顧積極和消極特徵？可以肯定的是，這是不可能假造的。

試圖將自己的意識擴展到足以將現實裡所有多樣性全都包括進來，這就是尋找整體性的工作。整體性是個主要術語。它指的是現實自身，而其象徵就是曼陀羅。追求整體性意味著將意識擴展到最

大程度，而足以涵蓋現實，足以在不扭曲的情況下看到現實，既不將邪惡合理化，也不試圖將邪惡變成善良，更不會憤世嫉俗地將善變成惡。將意識擴展到可以包含現實各方面的嘗試，是一個人試圖達到整體性的嘗試。那是第五圈。

到了晚年開始與上帝掙扎，將成為一種內在的對話。內在的對話可能以某些方式加以外化，可能是將生活的智慧化為教導或書寫，亦或是口頭陳述。不幸的是，當老年人試圖教導年輕人時，也許是方法不合適，年輕人總是不願聽。但是，當他們將智慧體現為部落的長者時，也許他們已經不需再多說些什麼了。相反的，他們可以體現在自己的生命和行止中，就是在許多對立中取得內在的平衡。如此一來，他們可以影響那些與他們接觸的人，因為即使在沉默的情況下，他們也可以聚合自性的投射，將可以發揮模範的功能。透過單純在場，他們承載了睿智老人和自性的投射。對他們自己來說，與自性在經過足夠的掙扎後而達到某種程度的一致性，將是重要的。

一位能完成這工作的老年人將可成為典範，來說明根本自由的本質是什麼。在老年人身上經常會觀察到，一定年齡之後，他們就不再需要擔心別人的想法。然而，重要的是要在他是什麼和他是誰之間有所區別。他是誰這個問題是一個個人至上和自我中心的身分認同問題。他是什麼，則是個自性的定義。「他是什麼」所指的，當然超過「他是誰」，是更接近於自性的。這樣的人是不會受到社會角色定義侷限的。

睿智老人或智者這樣的意象，包含著進一步成長、創造和智慧的潛力，是不同於隨著時間而缺陷越來越多的老人意象。如果採

取正確的精神，這些身體上的缺陷甚至可以刺激另一種發展，並且可以成為與自性掙扎的一部分。老年人對文化的貢獻是獨到而特殊的。一個文化所擁有的人物如果能夠承載智慧老人們的投射，那麼這個文化將會是有福的，因為這些人物可以引導人們走向意義和目的。

我一直認為榮格的自傳[21]是很好的例子，揭示男人晚年在第五圈中所經歷的掙扎。在榮格生命的盡頭，他開始越來越投入兩個基本的問題：邪惡的問題和對立合一的問題。他晚期的作品《答約伯》和《神祕精合》（*Mysterium Coniunctionis*）特別針對這些問題加以論述。在前一本書，他以十分個人的聲音來說話，充滿熱情和戲劇性。在第二本書，他的風格又回到了平常的分析和解釋的模式。榮格在描述《答約伯》怎麼出現的時候，他回答說，是「被自己的守護靈抓住了。」他當時雖然才從一場疾病中慢慢恢復過來，卻是狂熱地寫著，最後，在他從波林根塔樓寄出的一封給秘書安妮拉・亞菲（Aniela Jaffé）的信中宣布：「我已經從那條大魚肚中返回陸地了。」這段文本的編寫，既是榮格為解決邪惡問題而進行的個人掙扎，又是向他的同時代人傳達了西方宗教的歷史和文化需要進一步發展的訊息。

在《答約伯》中，榮格討論了有關上帝意象如何演化的想法。這種演化是自我與自性之間，或用傳統說法就是人與神之間直接對質的結果。生命最後一部分的心理學的特色是，這時已經等同於神學了。這時候的人再也無法在個人的與神學這兩者之間，維持著

21　【編註】《榮格自傳：回憶・夢・省思》（*Memories, Dreams, Reflections*），中譯本由張老師文化出版。

嚴格的區分。隨著自我與自性的融合，自我與超驗世界也合為一體了。在生命的早期，這樣的經驗會導致過度膨脹。在生命的晚期，這成了智慧。

從我們的觀點來說，我們認為榮格是走到第五圈的老人，面對了生命的另一維度，是超越了自我意識這樣的個人層面。他的願望是將集體無意識—意識動力往前推進，遠遠超過了他個人的生命和他的時代。如果一個人可以有足夠的發展，他可能可以獲得機會，將宗教傳統和對上帝的集體看法提升到另一個整體性的水準。

榮格還試圖解決自己一生面對的善惡問題，同時也不得不處理年老的絕望。創造力的泉源在晚年也許會枯竭，但也可能有大量新的創造力出現，就像榮格的晚年一樣。老人必須面對陰影，包括他自己的、他的家族的，以及他所屬文化的陰影，很容易迷失在黑暗中，陷入絕望。榮格在他晚年也曾經歷過這些。但是，如果這個人繼續投入在個體化的計畫，他將繼續打造榮格所謂的「世界觀」（*Weltanschauung*），這種對生命最根本的態度，包括了善與惡，也表現出整體自性。他於是成為智慧的老人，是在文化脈絡中所體現的原型。他所扮演的老年人角色，在非高科技的、自然的人們中同樣明顯展現：代表著許多世代的、部落諸神的，和最高宗教價值的智慧。

儘管榮格一再否認這一點，但他成為許多人的原型人物。人們不再只將他視為心理學家或哲學家，他在著作中闡述了一種完形，而這種完形已經成為人們在現代世界中尋求方向的模範。

大約在 1952 年完成《答約伯》後，榮格繼續投入《神祕精合》一書，這是一本關於對立面如何神祕統合的書。將全部人格加

以整合的願景，是榮格在他生命最後的二十年所念念不忘的。這個象徵貫通了他的創造能量，讓他在生命最後幾十年變得非常有生產力，撰寫出對他所屬的時代，也對我們所屬的時代而言，最重要主題中的重要作品。

男人之間的友誼

「當有個人讓我覺得親愛時，我就等於觸及財富的目標了。」愛默生在他著名的散文〈友誼〉[1]這樣寫道。有多少成年人明白這樣的經驗？根據我個人的觀察、交流、臨床經驗，以及期刊、雜誌和文章的閱讀，我的印象是，聲稱自己和其他男人有深厚友誼的男人，統計上來說是相當少的。也許男人只是不知道如何建立友誼。約翰・畢比（John Beebe）生動地描寫了男性關係中「缺席的存在」，缺席的正是親密的能力。[2]對身處後現代的大多數當代男人而言，與另一個男人的親密友誼，只存在青少年的記憶中，那個時候有著好哥們兒，可以與他分享最內在的想法和感覺、夢想和抱負，以及日常生活中的關注。男性之間的友誼，通常會在與女性伴侶開始認真交往後就停止了。

從那時開始，所有的親密關係都流入這渠道，所有的信任都為了這關係而保留下來。從那時開始，與男人的關係都是出現在學習、工作、團隊計畫和專業領域的背景中。這並不是要否認這一切的價值，更不是否認其中的忠誠和連結，然而這並非愛默生在講上述話時心中所指。

這並不是說與女人相處比與男人相處容易；這是全然不同的。兩者都很複雜，是不同方式的複雜。建立個人關係所帶來的回報也不同。

我們都知道，心靈需要世界，其中最重要的是那些在我們周圍

1　愛默生（Ralph Waldo Emerson）《散文：輯一，1882 年 5 月 25 日至 1803 年 4 月 27 日》（*Essays, First Series May 25-1803-April 27, 1882*, Toronto: Diamond Books, 2016），頁 169。

2　約翰・畢比（John Beebe, 2006.），〈缺席的存在：電影《斷背山》的回顧〉（*The Presence of an Absence: A Review of the film 'Brokeback Mountain'*），刊於《舊金山榮格學院圖書館雜誌》（*The San Francisco Jung Institute Library Journal*），卷 25/1，頁 78-90。

世界的人們，如此才能充分激發，並為最佳的發展而啟動。任何跟周邊的世界沒有重要關係的心靈，將會十分貧瘠、發育不良，甚至退回到隱蔽的潛能中。正是那些在生命中與我們親密的人，才對我們有深刻的意義，我們和這些人所建立的情感連結，激發了心靈在發展意識和成長方面的潛力。當我們將部分心靈投射到世界上的物體和人，並透過所謂「內射」的過程從他們那裡獲得反饋內容時，我們啟動了自身的基本部分。接下來，我將試著將這一觀點加以擴展，特別著重在男人與其他男人之間的關係，也就是我們所謂的友誼上。

暫時將心靈想像成一個圓形物體，在一生中有好些敏感空間有待活化。與生命中重要他人的互動經驗，將可以讓這些空間開始發揮作用，並且加以活化。這些空間是人格進一步發展的潛在領域，經由這樣的活化，可以成為個人完整性的一部分。這些空間是需要被活化的，以特定的內容加以填充，然後使用它。如果這些空間仍然空空的，則是沒有用處的，只是個尚未出現的潛力，而且人格也還沒有充分顯現出來。

心靈中究竟有多少個這樣的空間？我們依循著榮格的想法，將這些潛能中心視為原型，是與生俱來對於行為、感知和發展等等的潛能。到目前為止，還沒有人能確定究竟有多少的數量。我寧願盡量不去猜想錯估得太多或太少。如果估算太少，就會犯簡化主義的錯。如果允許太多，這些原型對心靈的重要性也會喪失。

要討論這一切，先從兩個特別重要的原型開始：母親和父親。這兩者都從與真實父親和母親的體驗中啟動，然後再逐漸成為帶著特定類型和品質表現的內在心靈表徵。有些部分是意識層面的記憶

意象，有些部分則是無意識的情結。這些嵌入的記憶和情結，一輩子都跟著我們，有各種不同用途。接著，還有兩個互相關聯但差異也夠大，而可以被分開說明：姊妹和兄弟。最後，還有另外兩個，也就是所謂的情人和朋友。

對一個男人來說，母親、姊妹和情人擺在同一個連續體上，而父親、兄弟和朋友也是一樣的。隨著男孩逐漸成長為男人而成熟時，這些中心角色逐一啟動並且彼此分化。後面的兩個，也就是姊妹和情人，不可避免地保留了她們較早版本的色調。因此，情人可能類似於姊妹，而姊妹可能類似於母親。對於成年的男子來說，他的摯愛也是他的靈魂姊妹和原型母親，正如他性格中所有的女性元素都是表現為**她**（SHE）。同樣平行的狀況，朋友在原型上是接續於兄弟與父親的。當一個人，以愛默生的話語來說，「覺得親愛時」，並成為一位朋友時，心靈可能會將它對兄弟和父親的喜好（和厭惡）投射到這個角色上。

因為男人在與女人建立起深入的親密關係時，不可避免地會觸及到他的靈魂姊妹和母親大地，因此在他與男性朋友的關係裡，他將面對他的陰影兄弟和精神父親。當情人將一個男人與他自己的身體和他自己最原初的性本能聯繫起來，並且將他愛的能力引導到特定的對象上時，後者就將他與男性的攻擊性陰影連結起來，同時也可能連結上精神超脫，最後形成了更寬廣的社群意識。這種意識感，可以從貝多芬《第九交響曲》那美妙的高低轉折中聽見，表現出德國詩人弗里德里希・席勒（Friedrich Schiller）那充滿力量又情感澎湃的詩句：「所有人民將成為兄弟！」（Alle Menschen werden Brüder！）

眾所皆知，男人需要女人才能打造他的靈魂。然而，我們卻不知道，男人需要男性友人才能面對自己的陰影，因此而能將自我相對化，好為兄弟騰讓出空間，也因此有了打造社群的能力。情人在男人內在所啟動的心靈中心原型是阿妮瑪；而男性朋友所啟動的則是陰影。在我們的文化裡，陰影啟動男性友誼的重要性被嚴重低估，也是因為如此，一切還是相當個人主義取向的。如果一個男人沒有透過體驗友誼來找到與其他男人之間強力而安全的橋樑，那麼他也就無法建立起社群。他將待在家裡，將自己孤立在阿妮瑪的世界裡，孤立在單面向的獨占性和內在性裡。

針對母親—父親、姊妹—兄弟、愛人—朋友的聚合和整合，個體化是以螺旋性的方式進行。如果固著在螺旋結構的某一側，將會讓這個朝向整體性的發展受到阻礙。

男人友誼的三種類型

現在，我將進一步討論男人之間友誼的三種可能類型，主要是取決於這發展如何與螺旋線中的女性特質面向互動。當然，這三種類型都有許多變體。

第一種，我稱為「母親之內的友誼」，這命名的方法是依循講座中有關男性的個體化分類（參見本書前文）。這樣的命名意指男性與男性之間的連結，強調的是兩者之間的心靈融合。在這種類型下，友誼是建立在無意識的身分認同上，兩者將會融合為單一的心靈實體。這能夠滿足人們在無意識層面對於天堂、對於與他者合一、對於沒有差異或界線等等的渴望。二於是合為一。一個男人的

身分認同承擔著另一個男人的身分認同，雙邊同時進行，因此在意象上，就像是同一副軀體上有兩個一模一樣的頭。這兩個男人互相鏡映。他們對世界的態度是沒有差別的。他們結合一體來對抗他者，形成獨特的伴侶關係。我們也可以在異性伴侶中看到相同的情況，男人和女人融合為一。

當一個男人的自我還沒從他的母親情結充分分離，也就是還沒從早期童年浮現的無意識基地分離開來，就會產生這種類型的友誼關係。自我和無意識（「母親」）背景兩者之間的身分認同還持續著，繼續影響了其他所有的關係。兩個男人之間立基於這種心靈背景的關係，大部分都是無意識的。他們經常以近乎神奇的方式，憑著直覺連結對方。在這狀態下，不需要用語言表達感情，因為他們是透過無意識的管道來交流的。因此這些男人大多時候是沉默的，但這並不意味著他們之間沒有任何交流。兩人之間的友誼，從心理的角度而言，是存在於與他們自我身分認同相同的那種無邊無際而廣布的氛圍中。它們既有待發展，也不成熟。這種友誼帶有幼稚和嬰兒般的特質。這是友誼的早期版本。

更進一步的友誼類型出現在男人更加果斷地與母親情結和無意識背景徹底分離之時，此時他身為男人的部分，也和潛在的女性特質畫下了清楚的分界線。在這個階段，他已經堅定地認同自己個性中的男性特徵。換句話說，他已經很明顯且清楚地成為一個男人了。這時他與男性關係的特色就是競爭。疑心，甚至敵意，也進入到他與其他男人的關係裡。這時有著體能勇武的比試，同時高度重視攻擊性。但是，他某些方面的存有是受到壓抑的，並被存放在陰影中，代表著「他者」。這樣的男人一開始帶著疑心面對其他人，

男人・英雄・智者：男性自性追尋的五個階段

引起對方的焦慮反應。如果他們能建立起友誼，這友誼通常始於爭鬥。之後，當彼此不再有敵意時，他們可能會成為摯友。這些男人是勇士。巴比倫的英雄吉爾伽美什和他的同伴恩基杜[3]就符合這種描述，是十分典型的例子。他們最初在城門口相遇，上演了一場殘暴的肉搏戰，而比賽後他們就成了摯友，並一起完成英雄事蹟。這個故事中，男性朋友是自己的陰影兄弟。最初是一位值得重視的對手，然後成為一位夥伴，但彼此之間總還是存在著某些程度的不平等。這是一種自我—陰影的關係。十幾歲的男孩們經常在彼此之間形成了這種連結。

我少年時期的英雄之一是獨行俠[4]。他十分信賴的印地安搭檔湯頭永遠陪伴一旁。他們所有的功績都是一起努力完成的，很多時候他們拯救了彼此的生命，並且證明他們可以完成伸張正義的任

3　【譯註】吉爾伽美什（Gilgamesh，出生不詳至約 B.C.2700），他是著名古代文學《吉爾伽美什史詩》的主角，被描寫成女神寧松之子。在美索不達米亞神話中，吉爾伽美什是擁有超人力量的半神（三分之二是神，三分之一是人，即擁有神的智慧及力量，但沒有神的壽命）。他建造烏魯克國城牆保護人民免受外來攻擊。恩基杜（Enkidu）由天神安努（Anu）創造，被派去節制烏魯克國王吉爾伽美什的暴政。一開始他是一個與野獸為伴的野人，對文明社會完全無知，直至與廟妓（Shamhat）交媾後才得以開化。後來他與吉爾伽美什有了一場大戰，但反被感化，兩人從此結為至交好友。恩基杜便開始協助吉爾伽美什建功立業，成為受人擁戴的英雄。

4　【譯註】獨行俠（Lone Ranger），虛構人物，是一名帶著面具的前德州騎警（Texas Ranger）。在美國舊西部時代，與美洲原住民野伴湯頭（Tonto）一同維護正義。該角色第一次出現在 1933 年底特律 WXYZ 廣播節目中，該廣播劇播出數百集，相當受到歡迎，因此也催生了一系列小說（主要由 Striker 撰寫），1949 年至 1957 年也成為受歡迎的電視節目、漫畫書和電影。這個角色被認為代表了美國文化與精神，成為美國流行文化中最持久不衰的符號之一。在美國歷史上這故事拍過六次。最近一次在 2013 年，由強尼·戴普（Johnny Depp）飾演湯頭，獨行俠則是艾米·漢默（Armie Hammer）飾演。
　在美國的大眾文化，和作者同一時代長大的男孩，幾乎都是將這兩位視為他們心目中的英雄。

務。然而這個角色卻被稱為「獨行俠」，為什麼是「獨」？因為他的朋友是個陰影人物，沒有非常鮮明的個人歷史或身分認同。他的性格取決於他與獨行俠的關係。就像恩基杜是來自「界外」一樣，湯頭來自另一個文化。儘管他在冒險過程具有至關重要的意義，但在很大程度上他是沒有被承認的，並且依然處在陰影之中。有多少我們所謂的「獨行俠」（那些看起來非常自給自足而「白手起家」的男人），其實在私底下無意識地依賴一位沉默的朋友、一個忠實的組織，或是一位默默支持的助手？這些男性關係的結構，是高低層次分明的。

在多年持續收聽《獨行俠》的廣播節目裡，我唯一清楚記得的是有次湯頭陷入困境的故事。當時壞人抓住了他，把他綁在峽谷的木樁上，要讓他死在烈日下。在那之後的數個晚上，甚至達數星期之久，我陷入在湯頭對朋友的呼喊中，那聲音在沙漠峽谷中迴響：「Kemo Sabe，Kemo Sabe！」（有忠誠朋友的意思）如此淒美呀，這位身陷困境友人的求助呼喚。最後，獨行俠救了他，而我也鬆了一口氣。

我們內心深處其實知道，如果陰影朋友去世，我們內在的某些東西也隨之消逝。我們的生命都不可分割地相互連結著。在這類型的友誼中，還遺留著第一種類型中至關重要的身分連結。在心理學裡，我們稱為投射認同或神祕參與（*participation mystique*）。

還有第三類型的男性友誼，我稱之為「成熟友誼」。當一個男人將他的自我與母親情結（無意識層面）十分堅定而果斷地區別開來，但同時也在自我態度中，融入了陰影的某些元素和無意識裡的某些女性特質時，就有可能形成第三種的男性友誼。之前我曾提

男人‧英雄‧智者：男性自性追尋的五個階段

到，「朋友」是和「兄弟」與「父親」存在於同一個原型的連續體。透過這個，我想表達的是，在一個男人與另一個沒血緣關係的男人之間的友誼裡，必然會與其他心靈結構有著一定的共鳴。實際上，這意味著男性友誼的動力在某種程度上是與伊底帕斯情結和手足鬩牆動力是息息相關的。這因此對成年男性之間的友誼也帶來兩個重大的障礙。第一個是閹割焦慮，第二個是妒羨。

成年男子往往較偏好與其他男子建立具有階層差別的關係，這根源於伊底帕斯動力。對於嚴重受到閹割焦慮威脅的男人而言，與另一男性唯一可忍受的關係是階層關係：不論居上位或下位，都是舒適的，任何想改變這結構的動作，反而都會引發無法忍受的焦慮。對於這樣的男人來說，我所描述的那種與另一男人之間親密的友誼是不會發生的。這個人可以接受有個主人，或接受有個僕人，就是不能與其他男性平等相處。

解決了這個問題，男人可能又面臨了另一個障礙。這個和手足鬩牆有關。我們透過小說和電影，就可以對這些故事有相當的瞭解。從歷史上來看，打從有歷史紀錄以來，這始終是家庭敘事的要旨。在聖經中，最惡名昭著的兇手就是殺掉自己兄弟的該隱；妒羨約瑟夫的兄弟們試圖要殺死他，後來卻將他賣給埃及的奴隸販子。手足鬩牆而弒殺兄弟的行為像華格納式的主題旋律一樣貫穿了整本聖經。在兄弟之間所聚合的妒羨，其根源在於，兄弟之間會認為某個人較特別或有天賦，而另一個則沒有。也許其中一人比較聰明（雅各布勝過以掃），也許天賦上較有利（亞伯而不是該隱），或也許受父母偏愛而享有特權（約瑟夫勝過他的兄弟）。這種有一個人被選上的感覺侵蝕了另一個人的自尊心，甚至最後是威脅著將整

個自尊心加以剝奪。當陷入空洞和被拒絕的狀態時，他於是就會報復。妒羨是一種謀殺的情緒。因此，如果男人的自體感覺沒有朝內深深扎根，並且傾向於根據社會或重要權威人物的標準來衡量自身時，男人之間發展出友誼的潛力也就大大地降低了。

然而，如果這些不利因素並不太嚴重，而陰影的整合又足以建立起親密友誼所需的開放性和接受性，那又會是如何呢？

有一些男性友誼的例子是可以視為榜樣的，只是在我們的文化中不太多。作家戴維‧邁克爾利斯（David Michaelis）研究這樣的友誼，而出版了一本以訪談和敘述為主的書《最好的朋友：非凡友誼的檔案》。[5] 這本書包含了男人之間的七種友誼。討論的對象包括兩位產業鉅子（桂格燕麥的唐‧洛里斯〔Don Louris〕和整合煤炭〔Consolidation Coal〕公司的總裁喬治‧洛夫〔George Love〕）、發明家／藝術家（野口勇〔Isamu Noguchi〕和巴克敏斯特‧富勒〔Buckminster Fuller〕）、藝人（丹‧阿克羅伊德 Dan Ackroy〕和約翰‧貝魯什〔John Belushi〕），冒險家（登山家倫納德‧畢科特〔Leonard Picotte〕和麥可‧愛德華〔Michael Edwards〕）以及政治家（勒姆‧畢林斯〔LeMoyne Billings〕和約翰‧甘乃迪〔John Kennedy〕）。這些人的友誼既源遠流長又意義深遠。榮格心理治療師羅伯特‧霍普克（Robert Hopcke）為這本書寫了一篇書評，他表示：「這些友誼存在於有行動力的男人之間」，他們從事諸如「航行、貿易、設計、冒險行為、登山、喜劇表演、指揮行船、喝酒、旅行……等等的共同活動。這些不是夜晚

5　戴維‧邁克爾尼斯（David Michaelis, 1983），《最好的朋友：男人和朋友的概況》（*The Best of Friends: Profiles of Men and Friendship*, New York William Morrow & Co.）。

的寧靜裡一起分享的友誼，而是充滿活力的存有、創造和生產，完全處於工匠人（homo faber）的境界中……（他們的）生產力既是他們身為男性的體現，也是他們彼此關係的黏結。」[6] 霍普克還指出，這些友誼表明了阿妮瑪的存在，而透過阿妮瑪而感受到朋友之間深入的連結和羈絆。正是這樣的結合，才值得稱之為友誼。

再談談前面提過的螺旋體，就是人格中男性氣質和女性氣質這些面向的螺旋體關係，我們從這裡可以觀察到在無意識內女性氣質有了發展，阿妮瑪於是可以從母體的基礎演化出來，而男人在這個點上的發展，是以投射的形式表現在戀人身上，並且漸漸地經由鏡映的過程整合進自我的意識。當一個男人有這樣的福氣能和心愛的人保持穩定、持續的關係時，這個戀人將能好好乘載這男人的阿妮瑪投射相當一段時間，輕柔而堅定地幫助這男人對他投射出來的元素負起責任，將之運用在兩人關係上，這個男人能因此在自我結構中擁有一些（至少）女性特質，有了這些女性特質，才可能建立深度的親密關係。在這裡沒有「缺席的存在」，正如先前所提到的，約翰·畢比對電影《斷背山》的評論如是說。這樣的男人知道如何在親密關係中表現。

通常，一般的男人讓他的女性伴侶去負責感受、建立關係、關照他人的情感需求。年輕的男人會認為所有這些都不是很有「男子氣概」。但是，經由愛的體驗、鏡映和鼓勵，還有經歷危機、挑戰、折磨和指責，男人可以在自己身上發展其中的一些能力。這就

6　羅伯特·霍普克（Robert H. Hopcke, 1987）〈充滿於所有男性氣質的情色：男人如情人，男人如友人〉（Eros in All His Masculinity: Men as Lovers, Men as Friends）刊於《舊金山榮格學院圖書館雜誌》（ *The San Francisco Jung Institute Library Journal* ），卷 7/4，頁 37，1987 年。

是後父權（post-patriarchal）的男人，正是這樣的男人可以有能力和其他男性去擁有和享受愛默生所寫的那種崇高而又尊貴的友誼。

先是陰影，然後是阿妮瑪的整合，這些要素讓第三類型的男人友誼變得可能。當男性氣質的陰影得到整合，有著內在功能的阿妮瑪之門在男人的人格裡就被打開了，這男人才有能力溫柔，對情感夠敏銳，並為自己而對情感生活做正向評價，而不至於失去了陽剛之氣，或是能夠不帶敵意和競爭就能達到分離和差異。由於陰影的整合，男性氣質不會被女性氣質吞噬或支配。然後，當男人能夠接觸阿妮瑪，使之成為意識層面功能，他也就可以抱持和涵容，一如他可以行動和啟動。也因此，他有了與另一男人遊戲玩耍的能力，不至於變成男子氣概的比賽。他可以享受午餐，而不是權力的午餐，可以在這段吃吃喝喝的時間只是聊聊天，或交換彼此的想法和感覺。這是完全不需要做決定和結論，而只是輕鬆對話的空間。自我有關成就、征服、克服障礙、攀山越嶺的欲望，這時可以丟在一旁，只是為了開開玩笑、遊戲玩耍、平靜地交換意見、隨意發想。人格有了這樣的發展，更親密類型的友誼也就是可能的。

眾所周知，許多男人對於談論自己的私事是困難的，甚至是痛苦的，例如他們的婚姻、衝突、性生活和性幻想等等。造成這種情況不是因為缺乏這類主題的語言，而是不被允許。藏在這些限制背後的，是對能力不足的擔心，是對於自己確實感受到這所有情感和渴望的恥辱感。這裡有著擔心在競爭中被擊敗的焦慮。而且，當男人談論性時，通常都是吹牛的。他們很少承認失敗，承認缺乏經驗，承認自己無法實現的渴望，承認自己的能力不足。

我的想法是，後父權的男人會做得更好。阿妮瑪為溫柔的感覺

男人・英雄・智者：男性自性追尋的五個階段

提供了空間。對愛默生來說,這是真實友誼的兩個基本要素之一,而另一個則是真誠。[7]

馬丁‧史柯西斯的電影《基督的最後誘惑》[8],其中一段講述了耶穌和猶大之間的友誼,這些場景不只是特別感人,對我們討論的主題也別具啟發性。這是從《約翰福音》中獲得的啟示,這些福音顯示耶穌和祂的朋友、門徒們是最最親密的。影片中有個場景是在某個晚上,在樹下的耶穌無法入眠,並且因為一些疑惑而困擾著。猶大就坐在他旁邊。在某一片刻,耶穌躺在猶大的懷裡,而猶大正在安慰祂。而耶穌說的是心靈的話語,這樣的談話,男人通常只會和他心愛的人、他的女性情人分享。這個場景並沒有任何性的感覺。這場景是很親密的,一位男人與朋友分享著自己的不確定感。對於大多數男人來說,與這個情形最相似的是在分析工作中,當防禦終於可以放下來,信任感終於確立了,而且男分析師表現得可以信任,而且有能力對情緒加以抱持和包容。在這情況下,祕藏的恐懼可以得到告解,內在的生命可以被揭顯,真實的故事可以被說出來。

愛默生對友誼的微妙、陷阱、榮耀和欺騙做了漫長的論述後,他這樣總結:「友誼的本質就是完整性,一種全面的氣度和信

---

7   愛默生,頁 168-69。

8   【譯註】《基督的最後誘惑》(*The Last Temptation of Christ*)是以《希臘左巴》一書聞名的希臘小說家尼可斯‧卡山札基(Nikos Kazantzakis, 1883-1957)在 1954 年出版的作品,將耶穌描寫成一個凡人,描寫了他的各種欲望和受到的誘惑。其中不同於傳統宗教觀點的新視角和對性慾的描寫引起了極大爭議,因此被梵蒂岡宣布為天主教禁書。1988 年由馬丁‧史柯西斯(Martin Scorsese)改編為電影,更明顯描述了耶穌基督的生活和他對各種形式誘惑的掙扎,包括恐懼、懷疑、憂鬱、不情願和性慾,引起天主教和諸多基督教單位的抗議。

任。」[9] 只有完整的人才可以給出或接受友誼，這也就是在我們中間為何罕見的原因。

9　同註 7，頁 179-80。

　　　　　　　　　　　男人・英雄・智者：男性自性追尋的五個階段 ├────────

父職的姿態[1]

1　這篇文章是根據 1985 年我在伊利諾伊州埃文斯頓（Evanston）榮格中心有一系列演講而寫
　　的。主要聽眾是芝加哥榮格學院的培訓候選人。為了這次的出版，我將原來的講稿編輯和修
　　改成本文。

一、選擇的姿態

在我開始認真地思考父親和父職這一主題時，我自己的父親才去世沒多久；因此這議題也攸關我個人。在回想的過程裡，我才意識到他對我這一生是多麼的重要。他是六十八歲這一年因為癌症在曼尼托巴省（Manitoba）溫尼伯城（Winnipeg）的一家醫院去世的。這裡離他在更早的三十八年前生我的地方大約距離了三百公里。他是北美浸信會教堂的牧師，生前備受推崇和愛戴。這個宗教派別源自於瑞士和德國重浸派的傳統[2]。許多我對他的記憶，大多與教會有關。有個故事，說我兩歲左右，曾站在教堂的長椅座位上，「伸出手」，揮舞著手臂，大聲地跟講壇上的父親同步說話，這讓我自己變成了教堂禮拜中的一個奇景。還有一次，是母親發現我在卡車後面向一些年輕人講道。而我自己最早的記憶大約是二十四個月大，我和父親在一起，在一家鄉村商店裡玩捉迷藏。想到這樣的往事，我依然熱淚盈眶，我到現在還是可以生動地想起他的氣味和神采。他是一個外向的人，成年時期的他身體相當有活力。他喜歡吃東西，喜歡說故事，笑不絕口。他完全投入福音傳道人這樣的志業。他是以永無止境的熱忱和激情，投入了耶穌基督福音的服務。

父親對我這一生所扮演的，當然不可能是簡單的角色。這一切

2　【譯註】重浸派或重洗派（Anabaptist），字面意義是「再洗者」的意思，被稱為是「徹底宗教改革」，會有此稱號，起因是由於這一派的人主張凡物公用、強調和平主義、堅持不抵抗的原則。此外，他們對於外來的權威普遍採取懷疑的態度，拒絕承認嬰孩期的受浸禮，只認同信徒成年的浸禮，常常被視為「宗教改革運動的左翼」，與路德教派、喀爾文教派的改革相比，顯得更社會取向。在台灣，門諾會可以歸屬於這一個傳統。

的影響是透過許多認同的結合，關於他自己，關於他一生的傳教使命，關於他一方面深刻的信念、愛和喜好，而另一方面則是對自己的叛逆——他對聰明機巧的抗拒，以及他的阿妮瑪情緒和偏愛對他產生的影響，這一切成為了我現在的模樣，一個既讓我珍視，也被我拒絕的獨特樣子。我早期的記憶裡有個充滿愛的父親；青少年的記憶則是與他爭辯、衝突和破裂；最後的記憶，則是隨著他平靜地滑進了這一生所渴望的永恆幸福時，完成的和解。

我問過自己：在這一切混亂堆放的記憶中，哪些是我個人的，且真正跟我父親這個男人有關的？哪些是來自原型或來自投射的結果？我必須先承認，我自己是將天父和我自己父親混淆一起了，我對任何一方的感覺往往掉進了對另一方的感覺中。理論上，我們在個人和非個人之間必然能明白區辨，但我懷疑這樣的區辨是否是個好主意。

身為精神分析師，我們都知道在移情當中往往存在著一些個人因素，來自案主早年對父親的體驗。對於移情，精神分析取向的治療師往往認為，案主在童年對父母形象的體驗，是整批地移送過來，而固定在某個陌生人，也就是這位分析師的身上。然而這裡有個悖論。如果移情一旦出現，過去的一切也就毫無價值了。所有歸入我父親情結裡的一切體驗，這許多年來與這位不再那麼完美的父親的愛、恨、鬥爭到最後的和解，在我對治療師第一次發展出移情時，就全都抹去了。這一切是突然湧現的，帶著來自心靈某一層次的力量，卻與記憶、學習或個人歷史都毫無關係。移情在個人歷史的連續性裡劈出了缺口。這不會只是簡單地繞個圈，回到過去曾經真實呈現的一切而已。佛洛伊德認為，移情是童年時對父母的體驗

的重複；而榮格走得更深，他說童年的這些體驗是由原型的結構所形塑出來的。孩子將母親原型和父親原型投射到他們真實的父母身上，而出現的反應比他們對這個剛好是他父母的真實人物所產生反應，也許一樣多，也許更多。從一開始，當我們將「父親」投射到父親們的身上時，我們就被建構出來了。而這一切的目的，是為了回應我們內心對於擁有一位父親的渴望和需要，也就將他們變成了父親。在父母和在孩子的心中，都有著無意識的鏡映，會創造出，或說是「如星座般聚合」（constellates）成所欲求的關係。移情會讓這一切再次出現，而這就是為什麼案主可以將分析師轉變成他需要的移情對象／客體。

　　這就說明了，要在實際的父親和父親原型之間指出區別是很難的。如果原型十分的盡職，就應該會讓我們真實的父親變成了他應該遵循的模式。因此，我的父親和內在深層的模式非常相似，歷史的過程使他們彼此交織，以致我們無法找到兩者的區分。他們結合為一了。天父將永遠是我的父親，而我的父親即是天父，兩者之間是如此緊密合拍。他做了他應該做的事。首先，他創造了我，再過來是他愛我，最重要的是他對我的疼愛遠遠勝過地球上任何其他的小孩。我是由他創造，也是他所選擇的。日後，他對我開始有了很高的要求：他希望我比其他所有孩子都更好（畢竟，我是「傳教士的孩子」）；我被認定就應該成為好榜樣，就像聖經所說的選民一樣，是「萬民之光」，將成為他們的「牧者」。這為我帶來了沉重的負擔，我很討厭這點，我造反了。我開始追隨其他的神祇。（有很長一段時間，我開始參加了鎮上的其他教堂，只因為更喜歡那裡的牧師。）我父親承受了這種任性的折磨，而且我們吵架、爭辯，

我努力在神學上比他還更厲害，知道得更多也更好。直到在他臨終而臥榻病床時，兩人才有了和解，像是「因祂受的死亡我們得醫治」（by His death we are healed）[3]。在他與我之間，贖罪、和好、和平，是到了最後才得以實現。而現在，我十分強烈地感覺到他是在天堂上，坐在右手邊的位置，或是自己一個人坐在大椅子上，至少是在某個地方向某個人傳教著……。所有的聖經神話都活生生地在我的心靈當中。我堅信，當我死後，到了天堂，與上帝面對面時，我會發現自己看到的是父親的臉。

這就是原型的工作方式。原型創造了一個回應性的領域，在這裡，第一個人「我」是基本的要素，而第二個人「你」是另一個基本要素。這領域對兩者皆產生影響，並引出某些的感覺、某些行為模式，和某些典型的反應。於是，符合此模式的關係也就小心翼翼地創造出來了。潛在的原型影響了兩者，也改變了兩者。父親的原型聚合了整個領域，其中一個人成為兒子，另一人則是父親。

這裡，我們要好好討論：父職（fathering）原型模式中的某些特色。我們要進一步研究這種原型模式的心理學。

我先將這兩者加以區分開來，一邊是原型意象，另一邊則是原型的動作和姿態（gestures）。當我所說「父職的姿態」（gestures of fathering）時，指的是從肢體語言到共演（enacted）的態度之間的一切，以及所有我們稱為「父職」的這一切裁示的行為、溝通和互動。每個人在擁有父親意象之前，先要在「姿態」中體驗到父職，受到父親的照顧。神話中父親人物的意象，像宙斯或耶和華，

3　【譯註】《聖經・以賽亞書》有一段：「因他受的鞭傷我們得醫治」（by His stripes we are healed 或 with his wounds we are healed），作者這裡改了一個字，死亡。

是一張填滿了許多特色和特徵的肖像。這些意象包含某些原型的特徵，但還是有很多是屬於文化的，是經過一段歷史以後才創造入意象中的。父親這個意象是隨著時間的洗滌才得以完成的。從發展上來說，這比基本的姿態出現得晚，是捕捉了比這意象更早出現的「父職的姿態」。換句話說，體驗先於想像。想像捕捉了無意識的體驗，而讓這一切具體可見。

父職是透過男人與他的孩子之間所聚合的高度情感連結而得以實現的。從實際的或現實的角度來說，這種連結是非理性的。這不是發生，就是不發生，而原因是不明的，甚至是神祕的。是父親們選擇了自己的孩子，而這樣的選擇是非理性的。這個選擇不是根據外貌、才華或出生順序的考量。這可能是基於某種氣味或某種看不到的親和力，很難確定，是個謎。然而，父親也是由原型所選擇出來的。即使家裡每個人都被愛護和照顧著，某些孩子就是比其他孩子還更強烈地獲得選擇。被特別喜歡的這位是永遠都明白這一點的，而不被喜歡的那些也都明白。至於其他的人也將明白這一點，因為許多衍生的姿態都會對此有所顯示。至於相反的姿態，包括拒絕、忽視、轉身離去、偏愛他人等等，並不是父職的負向；這些是意味著父職的缺席。拒絕、沒興趣和中立，這些在本質上並不屬於父職。父職是激情的，是非理性的，而關鍵的特色之一就是選擇和被選擇。

當這出現在兩個人之間時，也就是所謂的「命運」了。當父親說你被選中時，你也就永遠地被這樣標記著了。父親的情況也是一樣的，這是個共有的命運。這個連結創造也確保了未來。它帶來了關係上的凝聚、忠誠、愛和爭扎，持續存在於家庭和部落歷史之

　　　男人‧英雄‧智者：男性自性追尋的五個階段

中。如果我們對父職進行深度的探究，深入到原型的層面，我們可以找到最具特色的姿態就是：「我選擇了你；你是我的最愛；比起其他所有人，我是最愛你的。」以這種方式獲得了認可，就意味著擁有了父親。在我們所有的治療實務中，都很容易就看到這種體驗的缺席，患者以各種可能的手段無止盡地尋求著父親。這個情形，在文化和社會裡也是十分明顯易見的。對男人來說，是否被父親選上將產生不同的結果，關乎被納入還是被排拒，找到託付還是依然漂泊。父職最基礎的底座，就是選擇的姿態，一種非理性、熱情、排他的選擇。

這一切和母職的原型姿態又有何不同呢？其中的區別，並不在於二者誰比較基本或深刻。相反的，主要的區別是源自這樣的事實：母職在孩子還在母體內就開始了，而父親則是以「他者」之姿與孩子有了最初的體驗。父職的姿態是出現在出生以後或稍後的兒童時期，而「母職」的基本姿態更接近自愛（self-love）的行為，而不是他愛（other-love）。因此，母職不是從許多他者之中挑選一個的姿態，而是一種**自我肯定**（self-affirmation）。母親透過對自己存有的肯定而有了自己的基本姿態，而其中一部分如今已經以孩子的形式冒出芽了。因此，母親的愛更像是種融合，是十分密切的親密，是種認同；而父親的愛則是接受了彼此分離的事實，是由兩個個體之間的紐帶所連結而成的。

二、立法和執法的姿態

在上一節中，我聚焦在「選擇」，將這個當作父職的基本姿

態。有些人會被父親選上，也就是比其他人更受到父親的喜愛，尤其遠遠超過部族外的人或其他家的小孩。而在同一家庭內，同樣也有著不同的偏愛和地位。儘管父親可能是相當公平的人，不想表現出他的偏愛，但終究有些孩子還是比其他孩子更受到喜愛。於是，不可避免地，有些孩子會因為父親偏愛某位孩子而感覺自己被忽略了，許多兄弟姊妹鬩牆事件的發生也就是來自這種感覺。在聖經故事裡，約瑟夫和他的兄弟們就是一個典型的例子。儘管雅各愛所有的孩子，但只有約瑟夫領到了多彩的外套。從此以後，兄弟們就認為他在父親的眼中是特殊而被偏愛的人。約瑟夫原本就是兄弟中最小的一位，因此擁有的特權在某一程度上也讓自己過度膨脹了，因此忍不住誇口，沒考慮到兄弟們的感受。於是，兄弟們企圖抹去他在家中的存在。父─子特權紐帶的週邊，不可避免地環繞著妒羨和仇恨的渦流。

在這一節裡，我將進一步討論父職裡的第二個基本姿態：立法（law-giving）和執法（law-maintaining）。從原型的層面來說，父親是法律明文的來源。他就是立法者。當然，也有所謂的母法，是一種對原初價值不言而喻的理解；而父法則是明文的，是經由清晰的法令和白紙黑字的文件所清楚闡明的。父法不需猜測或憑直覺去感受，你在書籍和法令中就可以找到。

而原型的意象，譬如神話裡諸父神這樣的偉大人物，是許多經編撰和形塑而成的特定形式之基本姿態的混合體。然而，這些姿態本身變得更根本了，是本能的不自主反應，就好像有東西迎面而來，我們立刻眨眼，是反射動作，行為的基本模式。父親對自己子女的愛必然強過對鄰居小孩的愛，在沒有任何規則和律法的規定

　　男人‧英雄‧智者：男性自性追尋的五個階段

下，還是像所有的本能衝動一樣，是無法加以阻止的。父職的立法
姿態就像這個樣子。父親之所以這樣做，是因為這基本上就是屬於
父職的範型，是本能的。父親創造了界限，並要求服從。不止如
此，在後來的發展階段，還進一步地將客觀性元素包括進來：遵從
法律是因為自己的緣故，不只是為了取悅父親。遵從法律本身就是
一種價值觀，與周邊是否有人在觀察、執法或肯定守法行為是無關
的。這成為一個關於良心和品德的問題。邏各斯[4]於是開始發生作
用。這於是引領了倫理，作為在許多可能選項之中進行區辨和選擇
的理性行動，並成為超越了文化律法體系的良心。

　　當我們在心理學領域裡提到良心主題時，往往很快地就想到
了佛洛伊德的超我（superego）理論。當佛洛伊德創建他的心理拓
樸學，將心智的宇宙分為三個部分（本我〔id〕、自我〔ego〕和
超我）時，他所討論的正是律法相對於衝動、文化相對於自然的
議題。本我在本質上是粗糙的本能，超我是依循父親的意願而強加
的律法，而自我則必須在這兩股敬畏的力量之間來回。榮格曾經評
論過超我，認為這是佛洛伊德將耶和華銘刻在他的心理學理論裡。
耶和華在聖經中是立法者，他將自己的律則銘刻在石頭上，並要
求先知摩西將這些律則強加於不守律法的選民。超我是心理的代理
者，代表律法來反對以下行為：衝動的本能滿足、亂倫的願望、放
縱的行徑和猥褻的性愛。超我是父親律法的內部發言人。當我們不

4　　【譯註】邏各斯（Logos），是古希臘哲學、西方哲學及基督教神學的重要概念。在古希臘文
　　　中有話語的意思；在哲學中表示支配世界萬物的規律性或原理；在基督教神學是耶穌基督的
　　　代名詞，因為這是天主的聖言，所以也是萬物規律的源頭，新教使用的《新約聖經》一般譯
　　　為「道」，而天主教則譯為「聖言」，《聖經》恢復本翻譯為「話」。

再直接受父親監督時，正是這代理者讓我們不至於無法無天。佛洛伊德認為超我之所以存有，是與父親進行伊底帕斯的競爭而產生的結果。超我是威脅閹割的父親意象，要求自我忠誠地拒絕本我的說服，並且威脅如果不接受就加以暴力懲罰。律法是源自於父親，最終卻深植於兒子的內在世界。律法與本能之間的衝突，以及自我用來解決這衝突並讓本能獲得某些滿足的方法，儘管是以昇華的形式，既產生了文明，也造成了不滿。

根據佛洛伊德的理論，父親在孩子生命中的作用是創造超我。然而，超我不僅僅是內化的父親意象，因此超我的存在不取決於兒子年輕時父親是否存在。超我向來比真正的父親要苛刻得多，也要求得更高。超我可以說是由父親「星座般聚合」而來的，而不僅僅是實際現實在內在世界的代表。它能量的來源是無意識，是佛洛伊德命名為死亡本能（Thanatos）的「驅力」中；而死亡本能的願望是與厄洛斯（Eros）這個生命的願望相對立的。因此，超我最真實的意象不是個人的父親，而是某種像黑帝斯[5]的人物或內心裡惡魔般的死亡交易者。而正是透過父親的立法姿態，這個代理人才得以聚合並融入到個人的內在世界中。父親帶有威脅的姿態召喚了這一切。

榮格在有關良心的起源和目的這一問題上，有著完全不同的看法。對於榮格來說，律法從一開始就是以原型的方式寫在心靈上。父親這一角色是透過他立法的姿態，召喚這一切進入個人的生命的。在第一個層次，父親是以他的律法強化了家庭道德和文化規

5　【譯註】黑帝斯（Hades）是希臘神話中統治冥界的神，也就是冥王，相對應於羅馬神話的普魯托（Plūtō）。

範的壓力。如果是年輕而未充分發展的自我，將會感到這種壓力是絕對而殘酷的。這是「嚴父」（terrible father）時期。日後，當自我更成熟以後，還是會感受到這些壓力的，但比較能夠加以抵抗，或事先納入考慮。而這股驅策著我們去遵守社會規範的個人壓力，確實是源自心靈深處的，因為個人的適應是個體生存能力的一部分，因此也是源自原型的。在這部分，鏡像神經元扮演了相當的角色，也因此很早就開始作用了。在自我發展的早期階段，譬如孩子四歲大時，榮格是同意佛洛伊德的看法的，也就是「閹割威脅的父親」、道德責任感和對死亡的恐懼，很可能匯合一起而再現成為殺人的父親人物。而成年時期，在危機情況下常常出現的退行自我狀態，可能就是因為這樣的緣故。但對已經整合的、高效能的、正經歷個體化的人來說，後來才完成的良知是完全不同的。這部分我們可以稱之為一種寫在自身之中的法律意識，也可以稱之為像自性聲音一般的個人良心。

從發展的角度看，立法者的所在位置先是在父母人物（即父親）的「外面」；然後會發現變成了在「裡面」，也就是超我，是集體價值觀的代表，受到破壞性的緊迫感和焦慮所驅使著。最後，我們會發現「客觀心靈」中的良心彷若自性的聲音，這也是一種非我（non-ego）的代理者，但並不受限於社會、家庭或文化的集體需求和期望。

父職原型範式裡立法的基本姿態，是隨著父母權力的巨大而放大並具有效能的。父母之所以擁有巨大的權力，不是因為身材和年齡比較巨大，而是透過孩子對父母的原型移情而授予的。原型的領域限制了孩子和父母，父母受制的程度與孩子是一樣多的。父親形

象是「imago」[6]，充滿了無法只歸因於個人的能量。原型的力量不受我們意識層面的自我所控制。我們是它的僕人，受到毫無保留的憐憫。如果有危險，是因為可能無意識裡對原型完全認同了。父親對原型認同的要求程度越高，就越會變得毫無覺察和不負責任，甚至是精神病，在他和他的孩子身上都是。

父親和子女都受原型的力量統治，兩者都可能對原型力量認同，並且都會因為認同而變得有「精神病」，都會啟動基本的姿態。然而，某個程度上，這恰恰是人性上必要的：孩子**需要**父親，而父親**需要**孩子。孩子們需要父親好提出要求；父親需要孩子來對自己提出要求。當原型被聚合並要求時，父親於是被吸引成為立法者，而孩子則被包容在這些法律中。這是相互的引發，在這裡，我們可以找到父職的基本特徵。

人類有個獨有的特徵，就是對行為幾乎沒有本能的控制力。人類不是透過緊密的本能控制來嚴格引導行為，而是透過所擁有的文化。進化的過程雖然讓我們失去了在既定情況或一般生活中如何行為的絕對本能知識，卻讓我們擁有繼續學習的能力。但是，這種脫離本能束縛的自由，也造成了人類特有的、關於如何進行選擇的存在問題。我們的行為，我們的態度和我們的回應，都必須透過學

6　【譯註】伊瑪構（imago）最早出現在精神分析是 1912 年，由榮格提出來，認為這是對自己所愛的人所形成的理想化觀念，在童年就形成，於無意識層面繼續保留著，是人格原型在心理層面所有形成的基礎。在精神分析運動早期，伊瑪構是無意識的人格原胚，決定了如何理解他人的方式，是根據與家庭成員之間最早的真實和幻想主體間關係而細緻形成的。同一年，國際精神分析學會成立學刊，就命名《伊瑪構》（*Imago*）；1939 年薩克斯（Hanns Sachs）在美國復刊，仍然名為《美國伊瑪構》（*American Imago*）。1913 年，離開佛洛伊德的榮格，一度以伊瑪構取代情結（complex）這個觀念，但後來原型概念的發展，加上原有的情結，又取代了伊瑪構。

　　　　　　　　　　　　　　　男人・英雄・智者：男性自性追尋的五個階段

習的體驗來加以構建；我們要有人告知什麼該做，什麼是該尋找以及什麼該喜歡和不喜歡，到了令人驚訝的地步。作為動物，我們的是不夠警覺的。這警覺的能力稍後才有，而且是以不同的方式。榮格曾經說過，動物天生虔誠；它們自然且自發地遵循自己天性的律則。獅子有著獵殺的遊戲，貓追捕著老鼠，鳥兒覓食並築巢。但是男人必須學習才能虔誠。

於是來了父親。大自然設計出父親來代替失去的本能。因此，父親們必須進行教導、帶領，將突觸進一步形構成神經通路。孩子的出現引發了父親開始行動，成為律法的制定者，因而成為文化的創造者。律法本身成為人類價值和行為的老師，保護者和指南。律法填補了失去的本能。律法是父親所給予和支持的，是父親的基本姿態制定了律法並堅持維護律法，即便律法可能違反個人的利益，甚至律法有時是與他和孩子的非理性紐帶有所衝突的。

如果某個男人的父職角色變成精神病的狀態，也就是整個自我被原型的要求非理性地附身了，他將會以「全是為孩子好」的理由來強化自己的立場，在孩子們身上強行施以律法。而孩子們如果也是精神病般地被附身，對父親姿態的回應將是：這一切都是上帝所賜的。孩子們於是歡喜地迎接法律的宣達和粗魯的執法，認為這是父職的姿態和關懷。對天父旨意十分恭順的服從，對人類而言就是**虔誠**（*pious*）。帕特里奇在《起源》[7] 一書中表示，這義大利文字根的「虔誠」的是「對諸神和父母的恭順」。在古代的義大利，我

7　【譯註】《起源：現代英語語源詞典》（*Origins: An Etymological Dictionary of Modern English*），1958 年出版。作者埃里克‧帕特里奇（Eric Partridge, 1894-1979）紐西蘭出生，是紐西蘭與英國英文字典的編纂者，特別是俚語。

們知道虔誠是攸關生死的問題，因為孩子如果不服從男性家長的意願，他是可以對孩子實施死刑的。

如果父親不在場，法律就代表了父親的意願。當一個人做出父職立法的姿態時，他是在表達自己的意願。其中的正向意義是，他所制定的法律成為行為的指導和教育的工具；而負向的意義是，這成為了父親對子女意志的專制，迫使子女服從他的意志，而不是鼓勵子女去擴大自己的意志。法律同時有著正、負兩面的功能，一方面讓人類的社會得以運作，一方面也侵犯了人類的自由和自主。父親的法律既是保護者和引導者，又是嚴苛的工頭和暴君。

如果立法的父親是負面的，開始變得僵化和破壞性，讓人感覺只是固執和權力支配，這樣的姿態將引起健康人群的強烈抵制和對抗。年輕者（puer）和年長者（senex）之間的鬥爭愈演愈烈，因為父親和兒子現在都已進入了為精神而鬥爭的舞台。

有關年輕者和年長者鬥爭的文章已經很多。我自己寫了一篇〈吞噬的父親〉（Devouring Father）[8]，描述了一些顯著而微妙的方式，是關於父親的精神如何擄獲並打倒了孩子原來的自主精神，如何阻礙了個人在自性聲音的引導下發展出來的良心。烏拉諾斯、克羅諾斯和宙斯[9]都表現出父親對兒子力量的焦慮，每個人都試圖

8　【譯註】收在《父親與母親》（*Fathers & Mothers: Five Papers on the Archetypal Background of Family Psychology Fathers*），1977 出版，與 Augusto Vital 等人合著；2020 年又收入《莫瑞・史丹全集第二卷：神話與心理學》（*The Collected Writings of Murray Stein, Vol. Two: Myth and Psychology*）。

9　【譯註】烏拉諾斯（Ouranos）是由天上之光和高空之神以太所生，他和大地之母蓋亞（Gaia）生下了十二位泰坦、三位獨眼巨人和三位百臂巨人。但他認為獨眼巨人和百臂巨人們長相怪異，於是出生沒多久就把他們打落地底。蓋亞深感痛苦，請求其他的兒子起來反抗他們的父親，來榮救自己的兄弟。但只有最小的克羅諾斯（Kronos）敢於起來反抗父親。蓋亞給他一把鐮刀，他趁烏拉諾斯和蓋亞同床時，用鐮刀把他的陰莖砍下來。克羅諾斯於是和

利用自己的力量來阻止或推遲不可避免的革命。原型的基本範式中，已經銘刻了兒子超越並勝過父親之必然，甚至是用父親的劍來磨利自己的刀。這場鬥爭涵蓋了許多層面，從物質層面到精神層面。而也許終極的挑戰，就是對父親的律法和律法的統治所進行的挑戰。當耶穌挑戰摩西律法的決定性及所有拘泥法規的後果時，這是年輕兒子從年長父親的統治中解脫出來的最終姿態，而且是通過這場革命而確定了個人的良心才是所有舉止的最後仲裁者。「安息日是為人設立的，人不是為安息日設立的」[10] 是「父親是為兒子而設立的，兒子不是為父親設立」的一種說法。父親將隨著孩子們的成長而不再有用處，因為人類的發展已經超過對本能的需要，而每個父親在某種程度上都意識到自己將會是多餘的。

為了找到某個超越父親的法律、權威和地位之推翻時刻，我們可以參考這位年邁的泰坦人，也就是薩圖恩（Saturn，農神，土星），他的成熟和發展超越了死亡，而成為西方的智慧老人。其實是有一種父職狀態，超越了立法姿態，而這需要透徹，可以超越文化和社會的法律，而以內在法律來管理心和靈魂。榮格的理解是，智慧是發現原型模式並使心智越來越與原型相符的基本途徑。薩圖恩，原本是衰老而被推翻的父親，因臣服於更高的神性法則而得以進一步的發展，並因此而代表了律法以外的律法。這就是智慧老人如何成為「自性」的意象，在某種意義上是延續了父親的立法姿

姊姊瑞亞（Rhea）成為國王和王后。當他獲悉自己注定要被自己的兒子擊敗，一如他推翻了父親一樣時，他於是將自己剛出生的孩子立即吞噬，以防止預言的實現。當第六個孩子宙斯出生時，瑞亞尋求蓋亞制定拯救的計劃。長大以後的宙斯，殺了父親而救了兄姊。

10　【譯註】《聖經・馬可福音》2:28。

態。他的一生，他的態度，以及他的覺察（mindfulness），成為了一種指標性的圖像。

也許我們可以將父親和孩子的發展史，約略分為三個階段：最早的第一階段，孩子般的信任和服從滿足了父親的立法姿態，而這是孩子這邊的基本反應，因為他「知道」自己缺乏本能的指導，所以需要法律的引導；中間的階段，是有關鬥爭和質疑，是有關推翻和革命的，是年輕—年長之間的衝突，也是關於後代如何達到自主和個人良知的；而最後的階段是對祖先智慧的和解與崇敬，父親的律法和意志在這個階段不再是個人化的，而是成為原型的。

這裡的每一個階段都有其特定方式，都十分重要，父親也因此有幾種不同的方式來論成敗。在這裡，我們需要發展出有關父職的觀念，是與溫尼考特「夠好就好的母職」（good enough mothering）相當的。夠好就好的父職會避開完美主義的陷阱，但堅持的方式是在對的時間和適當的階段展現出基本的姿態。偏好和選擇的姿態對夠好就好的父職來說是基本的，而這將為父母與孩子之間強烈的情感關係奠定了基礎。父親在這裡可能因為拒絕這種紐帶聯繫或濫用所賦予的權力而失敗。與這姿態相關的身體器官就是心臟。立法的姿態也是同樣的重要，只是稍晚才出現。這姿態創造了保護後代、教導他們並以文化方式引導，促進他們進入更大社會世界的一切所需的脈絡。在這裡，父職的姿態成了走出家庭這個窩的橋樑。在這裡，兩種基本的情況可能讓父親未能達到應有的功能：要嘛就是將律法過度地個人化，使其成為個人意志的代名詞，因而造成了權力衝突；要嘛食言和缺席，從而在家庭中留下空白，因而造成孩子們行為能力缺乏（他們沒有對外溝通的橋樑，因此很

大程度上是「以自己的方式」）。因此，有關立法的姿態，夠好就好的父職將在這兩種極端之間，有足夠的經驗：在做出這姿態的同時，不要太個人化，也不要太嚴厲；同時，在基本而須堅決維護的生活規則之間，空出自主的空間。

三、創造的姿態

在選擇和立法的基本姿態中，我們看到了父職中的愛與命令。現在我想將注意力轉移到世代的行動上，我們可以稱這樣的父職姿態為「創造」。從發展的角度來看，如果選擇的姿態一般出現在父親看到後代第一眼的剎那和隨之而來的紐帶連結的反應中，那麼立法的姿態在稍後階段出現，參與成長中孩子之形塑；而創造的姿態則是在這兩者之前，是透過父親和母親之間的交媾展現。在這裡，我不想將交媾行為從愉悅和性欲釋放或情欲性愛的角度來看待，而是看成為最原初父職的一種姿態。

所有偉大的父神都具有龐大的生育力和創造力。聖經這樣告訴我們，耶和華所選擇的孩子將會和海沙一樣多，宙斯的後代也很多。其他神話同樣也強調父神的創造姿態。從父親身上撒出的精液將會像雨水一樣使大地肥沃而富於孕育的生機。我們都知道，遠古時代的國王，領土若變得乾涸而不再富饒，他們的命運會如何。弗雷澤（Frazier）在他的《金枝》（*Golden Bough*）中，詳細記錄了乾旱時期這些不幸的領導人所面臨的逐出儀式。一個缺乏孕育能力的父親，在困難和艱辛的時刻將無法維繫家人的信念。我們可從父親的孕育能力看到他的潛力，而正是這樣的潛力，吸引了他所需要的

眾人投射，以維持至高的地位。

　　且讓我們回想一下榮格早期童年有關地下陽具的夢。這個男孩走進一個地下的房間，在綠色的簾幕後面發現了巨大的陽具。它就像一根樹幹，高十二呎，寬兩呎。這是肉質構成的，而且在頂端的頭部，有一隻眼睛沉穩地向上凝視。

　　而頭頂上方則有明亮的靈光。這一切都沒有動，但我感覺它隨時會像蠕蟲一樣從寶座上爬下來，向我爬行。我因此恐懼而癱瘓了。那一刻，在我之上的外面傳來母親的聲音。她喊道：「是的，就這樣看著他就好。那真的是食人魚！」然而這只是讓我的恐懼更強烈了，當我醒來時全身是汗，簡直嚇死了。[11]

　　安妮拉・亞菲（Aniela Jaffé）在她的經典論文〈榮格一生的各個創作階段〉（The Creative Phases of Jung's Life）[12] 中，特別強調了榮格早期童年這個夢的重要性。她認為這是他第一次認識自己的創造力代蒙（daimon），這是一股終生會隨著他的創造性意念和靈視而隨時爆發的力量。我們還可以在這個原型夢中認出父神陽具的意象，也就是他的生殖力。

　　這個在地底下的陽具很危險：「那是食人魔！」他的母親在夢中說。陽具不僅能造人，也會吃人，是吞噬孩子的父親。從

11　榮格，《榮格自傳：回憶，夢，省思》（*Memories, Dreams, Reflections*），頁 12。【譯註】這個夢是榮格最早記憶當中的夢，一般認為是他三、四歲時。

12　【譯註】該文收在安妮拉・亞菲的著作《榮格的最後歲月：心靈煉金之旅》（*Form the Life and Work of C.G. Jung*，中譯本由心靈工坊於 2020 年出版，王一梁、李毓譯），是其中的第五章。亞菲是榮格的最後一任秘書，也是他自傳的合作作者。

心理上講，被陽具吞噬意味著被陽具所代表的無數力量同一化（identified）了，透過對思想和感情所有潛在內容的認同／同一化，慢慢輸入而形成了膨脹的狀態。在榮格的一生中，這樣的危險或多或少，持續不斷。他是如此貼近無意識及無意識的創造力，偶爾也就被代蒙的創造力所淹沒。所以他說，這既是詛咒，也是恩賜。代蒙有時會爆發開來，例如榮格在寫《答約伯》（*Answer to Job*）一書時，表示自己有好幾天像是大病康復而持續著發燒狀態。

在神話中，父神以非人方式進行生殖的意象是經常可見的。例如，柏修斯（Perseus）的母親達娜（Danaë）是被宙斯以金雨的形式浸透；聖母瑪利亞的子宮則是有了聖靈的隱形攪動，這是無形聖父的其中一個面向；麗達（Leda）是被宙斯以天鵝的模樣所擄獲；歐羅巴（Europa），則是父神化為公牛靠近她身邊。

我們在這裡所考慮這些父職的基本姿態，就是生育，而且充滿了各種的意象，從父母交媾的原初場景到精神感應的眾妙。

我們平常是如此習慣於將性視為強烈愉悅的手段或親密交配、紐帶連結的行為，以至於忽略了性交行為另一個同樣重要的特點：生育。這似乎是十分過時的想法：性的目的是製造孩子，將靈魂帶到世界來。但是，從生物學角度考慮，這是大自然中性之所以存在的最正確解釋。大自然並沒有給我們用來享樂的性；我們則是因為性而有了享樂，因此有了創造寶寶的動機。因為在享受性愛的愉悅時，這一點可能是腦海中最不會想到的一件事，許多男人因此被大自然欺騙，成為了父親。然而，這有可能給男人帶來了自豪和成就感，他們會宣稱說：「我成為孩子的父親了！」有些人則是聽到他

朋友說他是「一個大家庭的父親」而感到自豪。在戀愛關係展開時，兩人經常談著女人將給男人帶來個嬰兒，或者說他會給她一個他自己的孩子。戀人之間製造孩子的這種幻想，有助於他們為將來成為父母作準備。父職的姿態始於幻想，而且透過這姿態，基因才得以延續。於是，正如我們看到的，在還沒有孩子之前，父職就開始了。我們有了有孩子的幻想，但實際上是還沒有的。也就是這種有孩子幻想，激發了創造的父職姿態，自己身後有著世世代代的幻想，成為整個部落、氏族、王國之父職的幻想。對於處於父職狀態的男人來說，墮胎是令他嫌惡的，因為這擊垮了他的姿態。

四、有關提供、保護、橋接和犧牲的姿態

我想討論一下到目前為止我一直在討論的姿態，以及使用「姿態」一詞的原因。首先，當我們討論原型心理學時，我們是在談論最基本的心理事實和範式。我相信這些基本的事實首先出現在身體和動作層面，然後才滲透進入意識而成為意象。原型意象是次級的產品，因此若不是本身就略去了原型的部分，就是文化和個人的添加物汙染了我們可能認為是純粹原型的形式。榮格認為原型是康德觀念的物自體[13]的一種，是我們無法體驗、感知或構想的現實，恰

13　【譯註】物自體，或自在之物（德語 Ding an sich；英語 Thing in itself）是康德所介紹的概念。物自體是獨立於觀察的客體。這個概念在哲學界有很多爭論。康德認為所有客體的總和，也就是這個經驗的世界，它的存在和連結只發生在表象裡。關於物自體，康德表示：「事實上，既然我們有理由把感官對象僅僅看作是現象，那麼我們就也由此承認了作為這些現象的基礎的自在之物，雖然我們不知道自在之物是怎麼一回事，只是知道它的現象，也就是只知道我們的感官被這個不知道的什麼東西感染的方式。」出自康德，《任何一種能夠作

恰就是和上帝相似的。我採取的方法是，透過觀察人類基本的姿態，好讓我們更接近物自體；而在這主題的討論，我們將這一切標記為父職的姿態，並且用這詞來討論。毫無疑問地，我對這些姿態的觀念建構也有著個人體驗和文化習慣、形式所帶來的汙染。然而對於受到文化和個人領域影響而受到限制的部分，我還是假設可以透過與其他文化、其他人的父職體驗之進一步比較，而加以釐清。理論上來說，原型是人類基本天賦的一部分，因此和榮格所說的本能是有關的。正如我稍早所說，所謂人類的本能並不很精確。在其他的物種身上，是大自然為牠們提供了本能的線索和適當行為的神經迴路，但人類則是由文化來提供。因此，親職在人類的世界變得如此複雜且充滿教育意義。但是，如果我們自己將本能完全剔除掉，則是錯誤的，畢竟本能確實存在，在人類功能運作中扮演一定程度的角色。只是本能出現在人身上的方式是不確定且晦澀的，所以必需特別注意人類功能運作的層次（levels）。

因此，我們可以這樣去想，某一個**層次**本身是原型—本能的，但四周由文化和個人的層帶所包覆。當我嘗試去討論父職的姿態時，是挖掘人類所謂父職的這些零零碎碎的活動中一個又一個的層次，藉此在每個人拼湊出自己的父職風格時，找出基本而本能的碎片。

我們也許會自問：嘗試去辨別出人類行為這個或那個的層次，究竟有怎樣的實際用途？儘管這一切本身就可以當作是目的，像是意識上更多察覺，但可能還有更實際的目的。明白原型範式的實際

為科學出現的未來形而上學導論》（龐景仁譯）。

價值，是可以因此獲得引導，好讓我們成為更真實的自己，活出更原真的人類生命。大自然可以幫助我們抵消掉文化中單面向的指令。大自然對人類行為而言，確實存在著某些規範性的東西，不能讓所有的一切都仰賴教育和文化。大自然雖然對文化施加了一定的限制，但還是為經過思考的選擇和隨之而來的文化發展，留下了一定的空間。但原型心理學，或者更好的說法是所有原型構成的心理學，是呼喚著我們回到人類功能運作規範的本質、自然天性和最根本的法則。

也許是大自然的諷刺之一，我們一旦擺脫了原型範式和本能束縛，適應了人類的自由權利和特權，進而賦予了文化大量權威和自由，來對待大自然，這樣的情況下，要找回來自原型基礎的知識，只有透過有意識的運用和再教育。我們被迫透過文化提供的管道回歸自然。這樣的回歸自然，是我所理解的保羅‧利科的「第二天真」。[14] 榮格在他的原型心理學裡，為已經被異化的現代男女提供的，就是這種透過回歸自然的方式。

我的論點是，父職有一個基於原型模式的基本基礎，而我們可以透過各種父職的姿態或特徵，來辨識出這種元素形式。我將父

14　【譯註】保羅‧利科，又譯呂格爾（Jean Paul Gustave Ricœur, 1913-2005）法國哲學家和歷史學家，屬於詮釋學現象學家胡塞爾和加達默爾一支。保羅‧利科的研究範疇屬於歐陸哲學，但同時也涉及分析哲學。神學家常常將學術動機和基於信仰的動機混合在一起，試圖透過批判性反思來重新理解神聖的文本和傳統，認為通過解釋，這些傳統的智慧來源具有獨特而重要的意義。這樣的脈絡底下，保羅‧利科宣稱，古代神話對人類的狀況仍然能夠提供有效的理解，而前提是以他所說的「第二天真」（second naiveté）來閱讀和生活在這些古老文本中。利科通過融合古代和現代意義世界來發展第二種天真的想法，可以看作是跨越不同概念框架的概念的雙重範圍整合。這樣的重塑，讓詮釋學的清晰和精確度又提高了，進而可以運用在神學和其他形式的話語。

職的每個姿態都與身體和生理行為加以連結，為了讓父職回歸到它必然由此起源的本能基礎，這樣做是必要的。我首先談到了選擇的姿態，父親透過這個姿態將孩子（通常是最喜歡的孩子）與自己加以聯繫起來。父親在本能上就是偏愛自己的孩子，這就是他的心，受寵的孩子也會對父親的奉獻和愛心做出回應。我談的第二個姿態是立法和守法，父親透過這姿態為後代提供結構和行為方式。父親以這種姿態，運用自己對子女身體、道德和精神的權威，來建立起文化上一貫的凝聚。這是他的頭腦。孩子順從地對這個姿態做出反應。我所談的第三個姿態是創造。父親是創造者，因此應該定位在生命的起源。這是他的陽具。父親以這種姿態，經由生殖活動，在生理上和心理上讓一切事物得以開展。孩子們對此反應出讚賞，在自己的生命中開始模仿父親的創造力。

在最後的這一段，我想提出這一整個系列的四個相關姿態，相信這些姿態也是父職原型核心歷程的不同面向。這一系列的順序如下：提供、保護、橋接，和犧牲。與這些姿態相關的身體部位是手。

我現在以我四歲那年父親的一個動作，將這複雜的四個分開姿態的事例合在一起描述。我父親是一位狂熱的園丁；而那一年，整個收成遠遠超出了我們的需求。我在花園幫他，驕傲地將我的紅色拖車拉過一排排的蔬菜，將這些農產收集起來。有一次，他告訴我，如果我可以將拖車沿著小鎮的人行道拉到雜貨店，也許就可以賣出蔬菜並賺到錢。因此，我朝著這個方向出發，滿懷希望將裝載的拖車拉到街上，這時他給雜貨店打電話，安排由他買下我這些菜。我興高采烈地回到家，向他展示我收到的款項。第二天，他帶

我到銀行，我們開了一個儲蓄帳戶。由此，我開始認識到了企業精神和投資概念。

透過他的這一舉動，可以區分出我所談論的四個姿態系列：他的**提供**（蔬菜、想法、操作知識）；他的**保護**（事先打電話、確保我首次獨闖的成功）；他的**橋接**（走出家門進入世界，進入更廣闊的市場）；然後是他的**犧牲**（自己放棄了利潤：他實際上還付錢給食品雜貨商，而更重要的是讓我自己離開而不必參與）。這整個複雜的動作，預期的目的是幫孩子建立起面對世界的自主感和自信。經由這樣的方法，父親幫助孩子從母親所保護的封閉世界，跨進了父親冒險和探索的世界。

首先，我們看到了提供的姿態。提供屬於父母親職，父親和母親按照文化習慣或兩人協議來劃分家務，但兩者都投入到這些活動裡。想想其他生物的這類行為，譬如鳥類，雄性的提供姿態是從孵卵期間就開始的：從人類的角度來說，就是懷孕。當雌性孵卵而無法工作時，雄性開始為一家人收集食物。等小鳥出生，雄性更是為整個家庭取得需要的食物。同樣的情形也出現在人類身上，女性的懷孕引起了男性父職的反應，引導著他開始提供生活的必需品。如果男性是健康的，而且和自己的母親有足夠的分離，他就不會因為對懷孕的女性認同而身體虛弱，無法正常工作，而是被激發出活力，開始投入提供的功能。他面對懷孕的配偶時，開始表現出某種親職的存在，提供給她的，包括口欲的滿足、舒適感和安全感，還有情感上的支持和穩定感。由於父職原型已經被召喚聚合，這個男人將透過他為配偶和家人提供這些必需品的能力來證明自己的分量。驕傲的父親是能夠充分滿足家庭需要的男人。

男人‧英雄‧智者：男性自性追尋的五個階段

父職渴望有所提供，但這可能會造成男人病態的過度發展。他們的自我價值觀開始完全等同於養育子女的幻想，以至於完全看不見孩子真正的需求。孩子完全有能力可以謀生，他卻將數百萬美元留給了的信託基金，或其他的方式。這些「信任」（trusts）[15] 是滿足了父親提供後代之姿態的需求，而不是為子女的需要做提供。這種提供的姿態並沒有與這系列姿態的其他三者適當扣接。

第二個姿態是保護。我將之放在第二順位並非因為它不具有優先性。保護年幼的一代是通常被認為是母親的姿態而非父親的，如我們所見的，母熊保護幼崽的情形。在人類的世界，當男人的家庭和後代受到威脅時，這男人內心會立刻強而有力地召喚聚合保護的姿態。一直以來，在捍衛部落或國家領土的往往是男人。在遠古時代，軍事武力上的英雄組成了貴族階級，在創立民族國家的父輩男人當中受到尊敬。喬治・華盛頓在美國歷史上就是這樣的人物。他是一位軍事上的英雄，被尊為「國父」。

在人類的世界，父母會出於本能來保護他們的後代，在這一方面，父親是不會遜於母親的。當一個男人的家人向他投以求助的眼神，這種保護行為和態度就立刻召喚聚合在他的身上。這也就是年輕男人發現結婚成家是隱含著這樣的責任負擔時，會不自覺地想要阻抗的部分原因。男子將會被期待要在這個充滿貸款和繳稅的危險世界裡，要為家人抵擋處理這一切；同時，我們會認為能夠在生活的經濟和社會的變遷中確實保護家人者，才是稱職的父親。

有了提供和保護這兩個姿態的組合，才因而構成了「父權制

15　【譯註】信任和信託英文都是 trust。

度」的結構。在父權社會裡，父親在家庭裡是位於支配的地位，而他的提供和保護姿態，是高於、也優先於母親相似之姿態的。在這世界上，日常生活和安全的提供是取決於父親手臂的力量，而妻子和孩子們都有責任幫助父親保持活力和力量，因為所有的好處都取決於父親。在這樣社會秩序下，男人是義不容辭地要盡其所能來做到這些提供和保護的姿態。如果他希望在這個社會秩序中受到一定的尊重，這必然別無選擇。在這樣的情況下，當一個男人達到了家庭照顧者和一家之主的地位時，才會被認為是成熟的。他提供和保護的姿態，意味著作為一個男人他已經成熟了。從父權社會的角度來看，一個人若沒擁有一個讓他去提供和保護的家庭，很難想像他是足夠成熟的。

這系列再來的兩個姿態，在某些方面，和剛剛所描述的那兩個是相反的。橋接和犧牲可以說在方向上與提供和保護是相反的。在極端情況下，提供和保護可以將孩子們圍在家庭的圍牆內，讓他們感覺在這世界上如果沒有爸爸將會無法生存。如果他不在崗位上，他們將會承受饑餓並且遭受攻擊。這種對父親的依賴感，形成了父權社會裡的心理監禁框架。對父親所感受的能力和影響的範圍是如此徹底的依賴，等於是囚禁了孩子，讓他們永遠是俘虜。當然，確實有些父親是希望這樣做的。橋接和犧牲則抵消了這種男性家長作風的影響力，同時形成了一個連續的過程，完成了這兩個姿態，並重現了它們的意義。這四個姿態是沿著夠好就好的父親一路承繼下來的四個時刻或四個接點。

橋接使孩子們可以走進家庭之外公共世界，包括商業的、宗教的和政治的。在生命的早期階段，提供意味著餵養和培育，而父親

在這點上並不像母親那樣可以用乳房直接進行哺育，而是透過許多間接方式：透過將培根帶回家，透過幫忙餵養嬰兒，以及透過擁抱和遊戲。這一切是父親在孩子一生第一階段所執行的任務。一位接受我分析的個案，三十多歲的女性，她最早的記憶就是睡在父親的胸膛上，而當時父親正躺在客廳地板上。她的頭舒適地窩在他堅強的脖子上。父親在家庭生活核心的存在，日後被孩子對他外出又回來的感覺所取代，他將外面世界的氣味隨身帶回了家中。而且因為他出門又安全地回來，孩子們會覺得可以跟隨，感覺這條回到家的橋樑和家裡的母親是安全的。沒有這座橋，外面世界就變得充滿了進去會很可怕的危險，於是孩子們也就不敢冒險離開原來的窩。

我們這個時代可能出現的問題之一是，因為工作的世界和家庭的世界兩者之間距離的特質，父親出去的那個世界是**如此**的遙遠，以至於他沒辦法擔任中介的角色，將外面世界帶進家庭和孩子的世界。如果父親太早出門上班、太晚回家，到週末還在工作，經常旅行出差，並且是在對家人而言完全陌生且屬於**未知的土地**（*terra incognita*）[16] 的環境中工作，孩子們也就沒辦法跟他所居住的外面世界搭起橋樑。他在那個世界裡的地位，和他在家裡和家人之間的角色是完全斷裂，徹底不同。這時搭起橋樑的人物可能是學校的老師，這結果也就讓孩子可能嚮往著成為老師，因為那是他們所瞭解的外面世界。然而，學校或多或少是家庭的延伸，但外面的「現

16　【譯註】Terra incognita 或 terra ignota，拉丁文，亦謂著「未知的土地」，是製作地圖的術語，指的是尚未描繪或記錄的區域。據信這種表達是托勒密（Claudius Ptolemy, 100-170，提出的「天動說」的這位同時是數學家、天文學家、地理學家、占星家的羅馬時代學者）在他《地理》一書中首次見到。

實世界」依然是一個充滿敵意而無法理解的謎。屬於那個世界的父親，也就成了令人困惑的陌生存在，對家人來說是個無名氏；即便他願意，也無法為孩子們搭起橋樑。

假如搭橋的姿態已經完成，並且開始作用，那麼父職還有一個最後的姿態：犧牲。我們可以將其視為告別的姿態。我想到了我的父親，他送我去雜貨店，我看著他站在我們家白色的大房子前，遠遠望著我將裝滿蔬菜的紅色拖車拉到街上，一直到離開了視線。我現在才明白：他多麼有智慧，才能不跟過來。但我也意識到，不讓自己跟過來並讓我一個人去面對我不認識的人，對他而言肯定是十分困難的。然而孩子終究必須與陌生人見面，他或她必須能夠在父親的持續存在、幫忙、戒備和保護都不在的時候，還是能夠在生活中和陌生人打交道，面對陌生的一切。在這個讓孩子獨自面對現實的姿態裡，父親犧牲了父權的掌控。就像摩西看著他以色列的孩子們穿過約旦，迂迴走進威脅裡，走進新的應許之地一樣，父親也必須放開自己的孩子，讓他們進入自己的生命和命運。這樣的飛翔，完全不顧他之前所做出的姿態，包括選擇、立法、創造、提供、保護、搭橋等等，這樣的作為可以稱之為違反自然的功業。這一刻，父親為了孩子們分離開來的好處而犧牲了父性的利益。

很顯然的，適當的時機是最重要的。這個姿態就像其他所有姿態一樣，在整個的父職過程中，必須透過許多小小的方式來發生。如果只是因為孩子已經「夠大」而可以保護自己，在沒有任何準備和警告下就將他們突然切斷，這就不是夠好就好的父職。他們必須要先能夠飛行，才將他們推出巢穴。而且他們必須經歷許多小小的飛行，有一天才能實現完全獨立的重大飛行。將孩子放入生命和他

們自身命運的歷程，由嬰兒時期的許多微小方式開始，一直持續到童年和青少年時期。如果父親干預這一切，並且為孩子做了他自己可以完成的任務，那麼就是阻礙了他們的個體化。另一方面，如果孩子沒辦自己完成必要的任務時，無論孩子的年齡或發展程度如何，如果父親無法做出父職的支持姿態，那麼也會傷害孩子的個體化。對於準備做出犧牲姿態的父親而言，需要掌握適切時機，瞭解孩子的能力，也瞭解這生命任務的大小和難度。

而我自己，對於父親能讓我一個人去面對雜貨店老闆，永遠是十分感激的。

第二部

---◆◆◆---

打造中的男人

　　本部收錄了莫瑞・史丹於 2020 年以「打造中的男人」（Men Under Construction）為題，透過線上方式為台灣榮格社群進行的演講實錄，於 9 月 19 日進行上半場（本書第四章），9 月 26 日舉行下半場（本書第五章），由本書譯者王浩威主持。

上半場人生：
母親與父親的孩子

引言

王浩威

我們要感謝莫瑞老師的，不只是對台灣榮格心理發展小組的支持。國際榮格心理學會（IAAP）的莫瑞‧史丹（Murray Stein），湯瑪士和珍‧克許（Tom & Jean Kirsch），湯姆‧凱理（Tom Kelly），約翰‧畢比（John Beebe），約瑟夫‧坎伯瑞（Joe Cambray）和其他許多大師，對台灣榮格心理學學會（Taiwanese Society Analytical Psychology）的發展都有極大的貢獻。到目前為止，台灣已經有十四位榮格分析師，而整個華人地區更是不得了。而即便在當前肺炎悲劇大流行之際，莫瑞仍透過教學來幫助華人的心理專業人員。他是最早來進行培訓工作的老師，培訓那些和當年的我一樣——在十多年前對榮格理論還幾乎一無所知的心理治療師。

莫瑞提到他將在今年（2020）年底發行一本新書，就是本次演講的主題：打造中的男人（即本中譯本《男人‧英雄‧智者：男性自性追尋的五個階段》）。我試著讀這本書，發現這是根據莫瑞約莫在八〇年代還定居芝加哥時的系列演講所集結而成的書。在這裡，我必須先談一下榮格心理分析在美國發展的背景。

大部分的人應該都知道，七〇年代美國開始出現許多的人權運動，其中包括女性運動在內。這不僅限於美國，在西歐也是如此。當美國婦女運動開始之初，就有所謂的「女性主

義者的敵人名單」，其中列出的敵人之一是西格蒙特・佛洛伊德。當時，女性主義者所控訴的佛洛伊德，以現在精神分析來說是指古典心理分析法。因為佛洛伊德放棄了他的早期理論，即誘惑理論；他推翻自己早期案例報告的說法，反而認為所有造成疾病（主要是歇斯底里）的性創傷都不是真的。基於這些案例，他與布洛伊爾（Josef Breuer）合寫了《歇斯底里研究》一書。他們在書中說，歇斯底里症是由性創傷引起的，也就是當時「誘惑」所意謂的。但是幾年後，佛洛伊德放棄了這一理論：他否認了所有理論，認為這只是小女孩的幻想而不是現實。因此在七〇年代左右，佛洛伊德被女性主義者視為「敵人」。當然，八、九〇年代，也就是二十年後拉岡（Lacan）的理論從法國引入美國之後，情況又不一樣了，後女性主義者（postfeminist）擁抱了新發現的拉岡派精神分析。

在拉岡精神分析之前，美國的女性主義與榮格心理學之間有很多的互動。對於台灣的聽眾來說，最著名的一本書應該是羅伯特・布萊（Robert Bly）的著作《鐵約翰》（*Iron John*）。安德魯・沙繆斯（Andrew Samuels）在《政治心靈》（*Political Psyche*）一書中，回顧了受婦女運動影響後的男性運動。他把這些男性運動分為四種走向。其中之一是由詹姆斯・希爾曼（James Hillman）領導的神話詩學運動（the mythopoetic movement）。也許人們對布萊的《鐵約翰》更熟悉，但是這些思想實際上是來自原型心理學（榮格心理學的一支）的創始人希爾曼。

這也就是為什麼，我會認為莫瑞當時的研討會著作有著重大的意義。從我的理解來說，莫瑞從古典派榮格心理學重新出發，對於男人如何適應這些新的情況，以及如何重建自己的男性氣質和個體化歷程，提出了他的觀點。這和希爾曼的理論是大相逕庭的。希爾曼為榮格心理學的發展做出了很大的貢獻，但他放棄了榮格著作中有關個體化／自性化的概念。閱讀莫瑞這本書，我們會發現這樣的論述更忠於榮格原來的著作。莫瑞從更榮格的觀點來討論男人。對於莫瑞來說，男人面對著這些當代的困境：一方面是每個男人如何面對自己的個體化問題；另一方面，也就是個體化的一體兩面，男人又該如何面對當代的正義處境，包括女性運動等的許多挑戰。

因此，這本書的重要性真的是相當不可思議。非常感謝莫瑞為我們重新進行同一主題的討論。我不確定我的看法是否一定正確，但我盡力強調這本書的重要性。

男性個體化歷程概覽

本書（第一部）是根據一九八〇年代我在芝加哥榮格學院（Chicago Jung Institute）所做的一系列演講寫成的。在那一個時代，有關男人的許多面向都遭到質疑，包括男人的價值、男人的身分認同、男人在社會中的地位等，所有這些都因為發生在美國文化與整個世界中的婦女運動以及各種進步的運動而打亂了。因此，男人們不得不對自己和自己前進的方向重新思考。因此這是一個嘗

試，依循古典榮格的思想，概念化男人的個體化歷程，也就是將男人生命的一生發展樣貌概念化。

我想先談談個體化，這個主題我花了很多時間從許多不同方面進行思考。個體化來自於榮格理解到人類有個心理發展歷程在持續進行，包括了男人和女人，無論他們自己知不知道，都有個程序在背景脈絡中作用著，在**無意識**深處終其一生進行著。它從子宮開始，在嬰兒期持續著，經歷青春期、成年初期，中年危機，然後進入榮格所說的「下半生」。

在這些階段中，每個階段都有不同的任務，隨著人類的發展而面臨不同的心理挑戰。在這本書中，我關注的主要是男性的發展，即男性的個體化過程。男人也好，女人也好，在心理上和精神上，終其一生都持續發展著。在人類文化中，心理發展是相對比較新的觀念，可以說是在十九世紀有了心理學以後，人們才開始思考人格是如何發展的。然而，人類顯然在此之前就是持續發展的，在生命的過程裡，他們的生理不斷發展和變化，從小小尺寸開始，變大，接著走下坡，然後變老。

那個有名的問題，獅身人面的史芬克斯（Sphinx）提出，而伊底帕斯回答的問題：「是什麼動物在年輕時是四隻腳走路，成熟時兩隻腳，年老時三隻腳，在這生命的三個階段？」答案是：「人類。」人們先是以四肢爬行，然後直直站立，開始用兩條腿走路，變老時，不得不握住棍子或拐杖，於是走路三隻腳。人們對生理上的發展有相當古老的認識，但關於心理的發展卻相對較新。

將心靈視之為不同於或是在生理發展之外的過程，則是相對較新的興趣。這個興趣由十九世紀的心理學家開始，包括佛洛伊德，

他研究兒童的發展，提出性心理發展的階段理論，包括肛門、口腔、陽具／伊底帕斯期。對佛洛伊德來說，到孩子五歲或六歲的時候，性格的發展或多或少已經完成了，之後的一生則或多或少地重複了早期童年所鋪好的道路。而榮格則不同意這一點，其他許多心理學家亦然。

榮格認為這一點是不對的，心理的發展應該是貫穿人的一生。我們有前半生，也有後半生。隨著身體的成長和年齡的增長，在三十或四十歲時達到頂峰，然後像太陽一樣抵達頂點，接著開始下降。而這時個人開始看向生命的終點。在此之前，一切都是向前進、向上爬，並且不斷增加的，接著，對生命有限性的認識開始不斷提高，人們知道生命不是永恆的，將在某個時刻結束。因此，為死亡做準備成為一個人意識中相當重要的部分。哲學上的確就是如此；蘇格拉底也給予同樣的教導。榮格曾說過，分析是為死亡做準備。因此從這個意義上說，人生的第二個部分與前半部是相當不同的。

我想談談個體化這個觀念，尤其是臨床上的運用。這個發展的觀念究竟是如何影響我們的臨床實務工作？這是個實際的問題。理論上來說，對於生命各個階段的發展，人們已經做過許多研究。然而，身為榮格分析師，當我們面對患者時，又該如何運用個體化的觀點？關於這一點，我想在這次演講中帶大家想一想，並且稍微談一談。因為個體化這個觀念，是一個非常實用的觀念。這是一個理論、你可以說這是一個假設、一個想法，但它同時也有著非常實際的應用性。

當我在臨床工作中第一次見到某個男人時（現在我要談論男人

了），我立即會開始想，這個人的個體化歷程已經到了哪裡？從個體化的觀點，他有了怎樣的成就？現在的位置在哪裡？停滯了嗎？被卡住了嗎？有遺漏什麼？他是領先還是落後？因此，首先想要知道的是，究竟他的年齡多大？關於我想知道的這個問題，或多或少可以從他的身體和表現中察知，但我還是想確切知道他的年齡。

如果他是二十四歲，而不是四十八歲或六十二歲，那對我來說將會是大大不同的。為什麼呢？因為從心理發展的角度而言，我們對四十八歲男人的期待，相較於二十四歲的人會有很大的不同。因此，榮格分析師會透過受訓所得到的能力來加以評估：這位患者個體化的歷程已經到了哪裡？如今，透過研究和臨床經驗，我們明白了個體化是沿著幾條路線發展的。

至少有兩條路徑：有意識的，和無意識的個體化歷程。我想知道的是，兩者是否符合，是否彼此對齊？如果它們不符合，則意識和無意識之間會發生衝突。如果它們符合，那麼我們可以在臨床工作中進一步促動個體化的發生。例如，如果意識層面的個體化只到青春期，但無意識的個體化是高要求的，近乎五十歲，衝突就會存在。為什麼意識只有二十四歲，而無意識卻已經發展到五十歲？我只是提出這一點作為概括的說明，但是生活的每個階段都有著與其他階段不同的任務；如果這些任務在人生的適當階段沒有完成，以後遲早還是必須完成的。

個體化的過程是不能作弊的。你不可能靠假裝一下就躲開這些任務。您不是做，就是不做。如果不這樣去做，就要付出代價，而代價就是嚴重的精神官能衝突。榮格甚至說，如果你不遵循自己的個體化道路，它可能會殺死你。它會讓你生病。它可能導致無意

　　　　　　　　　　　男人・英雄・智者：男性自性追尋的五個階段

識啟動的自殺行徑。所以，留意個體化歷程究竟是要前往怎樣的方向，以及目前所到達的位置，是十分重要的。這一點完全不能輕忽。這不僅僅是一個有意思的想法，在臨床工作，這個部分其實是要非常注意的。我將舉例說明個體化可能出現的問題，特別是個體化不同階段的問題。於此，我打算描繪個體化的路徑：我們究竟能否擁有如此的視野，足以涵蓋整個範圍，完善且全面地勾劃出從出生到死亡的個體化歷程？這其中有哪些階段，而各階段又該有怎樣的任務？

關於這樣的思考模式，我們當然並不是全然陌生的。著名的美國精神分析師艾瑞克・艾瑞克森，在我們那一個時代的學生，都閱讀了他的著作，尤其是有關青春期和身分認同的著作。艾瑞克森提出了人生的八個階段，從早年到晚年，他可以說是研究整個人生的心理學理論家。他還提出每個發展階段應該的任務。他比較強調社會心理面向的發展，即個體與社會、周遭世界的關係如何經歷不同的階段，相當的程度是取決於與母親的關係，與同伴的關係，與文化的關係，以及其他種種關係。

而榮格個體化的想法則比較是在心靈內的個體化。而且榮格本人並沒有以精確的方式來定義個體化，經常只是將個體化分為人生的前半和後半。一言以蔽之，在生命的前半部分，主要任務是發展自我（ego）：在後半部分，主要任務則是發展自我與自性之間的關係。然而這兩半，其實是可以更進一步分成不同階段，其中埃里希・諾伊曼（Erich Neumann）在人生的前半部分就進一步說明整個分化的過程，介於他所謂的母愛階段（matriarchal period）和父愛階段（patriarchal period）之間。在青春期以前的人生第一部分，

大致是由母親原型所決定的。而在這以後的階段，包括青年到中年階段，主要則是由父親原型所決定。然後生命的後半部分就是他所謂的「向心整合」（centroversion），是由與自性的關係所決定的。

他透過榮格的概念來討論個體化的過程，我自己非常推崇諾伊曼的作品。他許多的書都是經典：《大母神》（The Great Mother）、《意識的起源和歷史》（the Origins and History of Consciousnes），也包括《邱比特與賽姬》（Amor and Psyche），這本書是他對女人的發展、對女性個體化歷程的貢獻之一，書中運用了古典希臘神話阿莫爾（Amor，邱比特）和賽姬（Psyche）的神話。因此，我是以榮格和諾伊曼為基礎來思考，試圖繪製出一幅男性心理發展的樣態圖，從在子宮內受孕到離開這個星球的此生，進入下一階段的靈魂生命和來世，那些階段的個體化我不會納入討論，但在未來某個時刻去做會是件有趣的事。在來世，我們是否還繼續個體化？

因此，「男人打造中」。正如王浩威醫師的引言所指出的，針對現代和後現代時代的男性已有許多討論。討論之所以如此激烈、熱烈和迫切，是因為父權文化正在崩潰，開始發生許多變化。如今我們正走向世界文化的階段——我相信，榮格相信，很多人也都已經想到的：父權體制將不再主導。在父權體制下，男人應該是怎樣的人，他們的角色是什麼，他們的發展應該是什麼樣，都是很清楚的。基本上，年輕男人接替在文化中、在家庭中父親扮演的角色：要結婚，擁有一個家庭，主導這個家庭，而且是政治學、經濟學還有研究界和學術界的主導人物。然而這一切都在改變中。這個變化是很快的，並且在集體的世界中產生了極大的動盪。男人因此十分

受到威脅，也開始感到茫然：我的角色究竟是什麼？我無法生育孩子，我要靠女人來傳遞我的基因。我在社會中的角色究竟是什麼？針對人生的進展和發展，我又該思考些什麼？

因此，隨著父權體制的改變，問題也就變成：在人類心靈的深處，是否存在一種對心靈而言是天生自然的發展次序或圖式，能夠以有組織的方式引領男人從第一、二、三、四的階段，帶進第五階段？男人是否有著個體化發展的原型？我們可以發現這種原型模式嗎？榮格創建原型理論時，他試圖往深處走，走入比個人無意識更深，也比文化無意識更深的境界，而稱之為集體無意識。這個心靈層次是所有人類共有的，是與生俱來的。這些都是我們誕生在世上就存在的結構、歷程和潛力，在我們的生命發展中扮演著一定的角色，就像我們電腦內建的固定程式一樣。它們一直持續運行著，而我們是否能發現究竟是什麼樣的程式，深植於我們由基因和精神所建構的電腦裡？

因此，原型理論試圖要找出所有人類的共同點——能夠隨著文化和個人體驗而成為許多不同的形式，猶如同一主題有種種變奏，其基本模式是什麼。但是基本的主題，也就是中心主題（motifs），是每個人共有的。我們是個物種，一個屬於哺乳動物的物種；我們屬於動物界，在基因和體質上有很多的共同點。另一方面，我們也都是個體。我們是獨一無二的，我們每一個人都不同於其他的人。這個星球有五十億的人口，然而沒有兩個人是完全一樣的。因此，這是個悖論：我們究竟在哪些方面具有獨特性，可以擁有實現任何想望的自由；我們又是在哪些方面，並不具有獨特性，而且是受到編程和控制的？如果我們已經有一定程度是編程

的，那麼最好瞭解這程式，順勢行動，而不要與它對著幹。

當你朝著程式逆向行動，將會與自己，也與自性想前往的方向陷入嚴重的衝突；你的生活會變得空洞而無意義，感覺不太有目標。如果可以與程式保持和諧，會感覺自己活出了自己的天命。你會開始覺得這才是自己應該做的，是應該成為的人。如果人們感覺自己與本質天性合一，人們對自己的感覺將會有很大的不同。

因此，是「打造中的男人」，我們生來具有潛力，但也必須努力去實現這些潛力。它們不會自動安裝到位。我們必須與它們一起合作、一起工作，我們必須負責屬於我們的部分。自我有責任發現我們的本性是什麼，我們的本能要的是什麼，我們的直覺告訴我們什麼，而我們正在展開的自性模式又是什麼，又該如何努力去追隨。因此，橫在自我和自性之間的這個過程，也就是個體化歷程。

這本書的（原文）標題「打造中的男人」（*Man Under Construction*），是源於我很小的時候，大約十四歲，在學校時的經歷。我們當時教科學的老師是一位令人印象深刻的女士，博學多才，充滿啟發性，但未婚。她是一位女性知識分子，在那個時代，那樣的文化，女性知識分子可能很難找到合適的伴侶。但是她對尋找朋友、伴侶，一直都很感興趣。因此，有一天在路上開車，停下來喝了杯咖啡。她注意到停在那裡的一輛汽車有個標誌，這車是美國海軍陸戰隊的軍用車輛，上頭有個標誌寫著「「我們打造男人」。因此，如果你想成為男人，加入海軍陸戰隊吧，我們會讓你成為男人。她於是走進咖啡廳，看見海軍陸戰隊隊員，於是走到他們的桌子旁，然後說：「我要你們給我打造一個男人。」他們困惑這女人在說什麼。但她確實希望能有個足夠強壯、足夠巨大的男人

進入她的世界成為伴侶。她不想要軟趴趴的男人，她要強壯的男人。而這就是這本書標題的來源，「打造中的男人」，因為我們男人終其一生都是在打造的過程中。男人並非生來就是完整的，我們只是天生有著變成完整的潛力。在生命的過程中，如果要達到完整，我們必須通過某些發展的階段，而這就是我在這本書中想要討論的內容。

在這一講，我想討論男性終其一生個體化歷程中的前幾個階段。

螺旋式的發展階段

可以參考男性發展的歷程圖（詳第一章圖一、圖二），當中描繪了男人生命的五個階段。這裡我想先談一談所謂的「階段」。階段，像艾瑞克森這樣的發展心理學家談論到階段的時候，他們從不認為這些階段在個人生命中是固定而刻板的結構或階段。以年齡來說，這是有一定的彈性的，包括某一階段橫跨的年齡，何時從這個階段結束而完全過渡到另一階段，而一個階段又如何進入下一個階段等等。我們必須對這些保持彈性，而這也是我的做法，我也會講講這些階段在生命週期中是如何彼此互動和互相影響的。這張圖是我將要談論的五個階段，以及這些階段之間如何過渡。

你從圖上可以看到的這些階段是以橢圓形呈現的，分別是童年、青少年、青年、中年、成年後期以及老年。此外，我認為在每個階段都由某些重要的原型人物所控制、主導和監督，因此必須納入思考與這些階段的關係。第一個是童年階段的母親，第二個是青

年階段的父親，接著是中年階段的阿妮瑪、中年晚期的自性，以及老年階段所謂的上帝。但這裡上帝並不意味著任何特定的神，指的是終極的存在，無限的崇高，人類體驗中的神聖面向。

當男人在這些階段中逐漸前進，他是從一種身分認同走向另一種身分認同。其中的一些認同是社會身分認同，例如兒子是第一階段的身分認同，丈夫和父親則是第二階段的，英雄是第三階段的，傳道人（一位有目標、有方向、有領導力、有遠見的男人）則是第四階段的，最後階段則是聖者或智慧人物。

這是另一種將每個階段組織起來的方式，根據的是影響該階段的主導原型。每個階段都取決於另一階段，彷彿是沿著螺旋形的路徑環繞前進向上，從第一階段一直到第五階段。因此在基礎階段的母親之後，隨之而來的是憑藉著母親的父親，而英雄又憑藉著父親，然後還有傳道人和聖者。一個套著一個，一生中環環相套的各階段。個人不可能錯過其中的任何一個階段，每個面向都會一一出現。艾瑞克森同樣有這樣的看法，一個又一個的階段，某階段如何通過，將會對以後的階段產生影響。這就是他所謂每一階段依循著表徵遺傳[1]而逐一展開。但每一階段所出現的情況，將會影響到下一個階段。

正如同我們從精神分析所熟知的，我們從未完全離開童年。童年一直都在那裡。我們的情結、我們的創傷、我們的童年經驗，都會伴隨著一生。終其一生我們會一次又一次地回到童年經驗。我

1　【譯註】表觀遺傳（epigenetic），又譯為表徵遺傳、擬遺傳、表遺傳、外遺傳以及後遺傳等等，在生物學和特定的遺傳學領域裡，在不改變 DNA 序列的前提下，通過某些機制引起可遺傳的基因表達或細胞表現型的變化。表觀遺傳學是 1980 年代逐漸興起的一門學科，是在研究與經典的孟德爾遺傳學遺傳法則不相符的許多生命現象過程中逐步發展起來的。

們對它們的敘事隨著成長不斷變化，然而這些經驗都會在敘事中找到自己的位置。當敘事改變了，這些經驗可能會隨之改變：這就是在心理分析中會發生的事——對自己的一生解構又重建。在分析開始的時候你可能擁有這個所謂正確的敘事，但經由大量的分析而對自己過去歷史的深入瞭解之後，這個敘事將會出現重大變化。那些對你重要、深深影響你的人，他們的位置將會有所改變。有時在人生的某個階段，父親或母親似乎並不像原來的那麼重要；而在其他的階段，他們又似乎比你在另一個層面所認識到的還來得更重要。因此，你可以將生命中的這些階段視為是相互嵌套及憑藉：這些階段不會離去，每一個都是建立在另一個之上，然後螺旋式地向上移動。

母親的孩子

我們現在從第一階段開始。在這個階段，我所討論的身分認同是母親的孩子。母親的孩子是怎樣的模樣？誕生時，你脫離了一個關係，同時又與母親進入了另一個關係。在一開始，你是被親密地包裹和包圍在生物母親裡，而關係開始發展；這不是十分有意識的關係，但生物學上來說是非常親密的關係，你們共享營養和身體。而根據母親與你互動的方式，你和母親的關係所採取的形式也就因此開始了。如果母親對懷孕是非常喜悅的，非常高興有你進入了她的生命，在身體上和情緒上能好好照顧自己並讓生活和諧，那麼你在子宮裡度過的是相當美好的時光。

但如果母親並不快樂，如果她的生活有許多的衝突，如果她不

想懷孕，如果你是個打擾又是個麻煩的玩意兒，那麼這將開始的，是另一種全然不同的關係。因此，這些都開始得相當早，此時若有個和母親關係親密的父親，他也會在場，雖然形式不同。如果他常與孩子說話，孩子出生時，是可以辨識出他的聲音的。我和我的兒子就有過這樣的體驗。當他的母親懷他的時候，我們會和他說話，給他取名字，還有所有的一切。當他誕生時，我就在生產現場，而我說了幾個字，他立即看著我。我想他是認出了我的聲音。孩子們的確可以在子宮中聽到聲音，那時他們的大腦正在發育，聲音和體驗的記憶可能存在；那並非長期記憶，也沒有相關細節的記憶，但他們對聽到的聲音有一定的辨識。

　　所以在這個階段，與父親的關係就開始了，不過母親才是主導的人物。這個母親可能是代孕母親，可能是女傭或是照顧者，不一定是親生的母親，然而這階段的基本主題是涵容和滋養，也就是養育。因為人類生來除非得到照顧，否則是沒有運作或生存所需要的資源；因為我們的頭顱和大腦是如此的大，兩者在剛出生的時候都是未成熟的，因此每個人出生時都是不成熟的。在孩子穩定下來，可以站立並四處走動之前，這樣的照顧是必須的。有相當長的一段時間，嬰兒都必須依賴這樣的養育環境，他們無法保護自己，無法自己找到食物，不懂得如何照顧自己，他們需要有個照顧者。孩子有著養育的母親在旁，或者我們談到這一點時，會稱之為大母神（the Great Mother）。當孩子來到了這世界，是期待著一位母親的，期待自己被養育和照顧的；孩子準備好接收母親乳房的哺乳，他可以憑著本能做到這一點。他已經準備好被餵養、被愛，並且和對方建立關係。

過去二、三十年，已經累積了許多有關早期階段心理發展和情感發展研究，特別是心理學家約翰‧鮑比在英國發表了有關依戀（attachment）和依戀理論的寫作。許多心理學家對嬰兒觀察計劃產生興趣，並進行研究，從中建立了許多培訓計劃，特別是分析心理學的發展學派這個英國學派，同時也在其他的領域。母親和嬰兒之間依戀的特質被認為對一個人的情感健康和心理健康有著終生的影響。「夠好就好的母親」對以後的發展和人格穩定的價值，是再怎麼高估都不為過。

　　就我的瞭解，母親首要的任務是「誘引」（seduce）嬰兒進入生活，使嬰兒想要活下去。如果嬰兒沒有受到好的照顧和引誘進入生活，他們可能會非常沮喪，例如，在對孤兒院的嬰兒所進行的研究顯示，他們可能會變得非常憂鬱，甚至餓死自己。他們對進食不是很感興趣，也沒興趣與環境互動。他們寧可回到自己原來的地方。我們可以想像如果靈魂從另一場域進入，以嬰兒的身體進到這個世界，環顧四周，必須決定自己是否要留下──這是個好地方嗎？是我想待下來的地方嗎？夠好的母親、父親、照顧者，可以確保嬰兒想要茁壯成長，想要待在這世上，並且與他們互動，擁有美好的時光，可以歡笑，享受生活，好好受到餵養而健康。這是被誘引而進入了生活。而如果這些經驗夠強大，這個人永遠不會想自殺；這將會持續一生。如果他們擁有扎實的基礎，夠好的母親，有著被愛和被關照，以及美好生活的保證，那麼不管人生變得多麼艱難，他們永遠都不會自殺。但是，如果這一切都沒有發生，他們將身處危險，而今天我們都知道，全世界已開發國家的青少年自殺率一直都很高。我不知道相關研究細節與這些孩子的背景如何，但我

會假設，這些在青春期的孩子之所以陷入憂鬱，導因於同儕團體或周遭環境正在發生的種種都是不安全的連上生命。依戀可以帶來自信；可以帶來對生命的投入和承諾。

因此，如果一個男人想讓自己繼續活下去，持續活得好，與環境互動，為環境和孩子做出貢獻，回報自己所獲得的一切，這個階段對日後的發展將極為重要。這個發展階段就是諾伊曼所謂的母愛階段，在這個階段，全新的人走進生命，找到牢固的連結、依戀和興趣，因此長大成形進入下一個發展階段。

退行天堂的誘惑

現在出現了這樣的狀況：太美好了──如果孩子們的生活太美好，有如一個天堂般的階段被創建與維持，孩子在任何時候都沒有經歷該有的挫折，那麼，這個母親──孩子的階段將成陷阱。這會讓孩子終其一生渴望的天堂。我們可以從許多童年享有特權的人身上看到這一點，他們不需經歷太多困難，生活就為他們提供了很多美好的事物；他們不必為之付出，不用承受挫折也不需努力，一切事物都可以輕鬆迅速到手。這種天堂一般生活狀態的記憶，在他們的餘生將會繼續存在著，而成為重返的誘人選項。

我們現在談論的，是退行的誘惑，人們渴望回頭尋找當年那個天堂般的階段，一切都有人供應，壓力非常小，自己就是世界的中心。被納進世界的孩子，有一段時間是父母世界的中心，但這一點隨著孩子的成長必須慢慢改變。到了該上學的時候，開始必須和其他照顧者互動，他們對於表現的要求就會稍微多一點，而同儕團體並不會像好媽媽那樣，所以他們必須努力去適應，或是在置身之處

找出前進的方法，這些挑戰都是孩子們在第一時間想要迴避的，想要跑回家裡，因為在那裡他是所有注意力的中心，母親對他是溺愛的，沒有太多要努力的。

　　大約 1910-1913 年，當榮格個人與佛洛伊德的看法開始分歧，兩人的私下情誼和專業關係都快要結束的階段，榮格寫了一本書，名為《力比多的轉化和象徵》（*The Transformation and the Symbols of the Libido*），後來譯成英文時書名是《無意識的心理學》（*The Psychology of the Unconscious*），最後收在他全集第五卷時則是《象徵與轉化》（*Symbols and Transformation*）。在這本書的最後一章，榮格知道自己寫下的內容會是佛洛伊德相當無法接受的，可能會因而導致兩人關係的破裂。但是他覺得不得不寫這一章，因為那是他所感覺到的，是他真正的信念。因此，他離開了對父親人物的服從階段，而這一點後面將會進一步討論。佛洛伊德是精神分析之父，而榮格現在則開始獨自冒險。他自己的思考讓他對亂倫願望做出了自己的結論。他和佛洛伊德曾經對此進行了許多討論。

　　佛洛伊德相當投入於我們都有亂倫願望的這個想法，而男人的亂倫願望就等於是伊底帕斯願望，也就是和年輕而美麗的母親擁有性愛的親密。佛洛伊德有位非常迷人的年輕母親，當他還是小男孩時肯定是愛上她的。當他將這一切理論化時，他還記得這一點，記得他是多麼地愛他的母親。另一方面，榮格從未以這樣的方式愛過他的母親。他的母親沒有吸引力，生他的時候年紀也大了。他是個替代的孩子 [2]，母親在生榮格以前不幸有了好幾次的流產。我認為

2　【譯註】替代的孩子（replacement child）是指父母失去另一個孩子後不久再懷孕的孩子，是由心理學家肯恩（Albert C. Cain & Barbara S. Cain）在 1964 年提出的。1980 年，臨床醫生

有一個嬰兒死於分娩或出生不久後，之後榮格就誕生了。她有點年紀了，相當的焦慮，並且有點憂鬱。無論如何，他對自己的母親是沒有亂倫願望的。然而他辨識到亂倫的願望，但不是對親生母親，而是對童年的天堂階段。

而這個亂倫願望，正如他所解釋的，當中的母親是世界象徵意義上的，而不是個人意義的，也就是說，這個母親的世界，是個屬於天堂的世界。在聖經的天堂裡，亞當和夏娃被放置在這世界裡，在這裡完全不需要工作，不需要穿衣服，他們是赤裸的，而且天氣永遠都是完美、穩定的。他們不必為食物而工作，只要從樹上摘下水果即可；他們隨興吃東西。他們可以做任何自己想做的事情，但除了兩件事：不要從善惡知識之樹和生命之樹上尋取食物。當然，他們受到誘惑，而且也確實如此做了。他們被趕出天堂。一旦被趕出天堂，一切都令人震驚。如今，婦女相當痛苦地經歷分娩，在天堂時沒這問題，他們並沒有孩子。但現在，她懷孕了，分娩時痛苦不堪。而他們也不得不靠工作來謀生，亞當必須耕種和狩獵動物，一切都不再容易了。通往天堂所有的門已關閉，有一位天使拿著劍站在大門口。你不能回到天堂。這就是聖經的信息：你曾經生活在那裡，但現在你不能回去。所有的門都是關著的。

羅伯特·克雷爾（Robert Krell）和萊斯利·拉布金（Leslie Rabkin）確定了三種類型的替代孩子：（1）受籠罩的孩子（"haunted" child）：生活在充滿內疚和沉默的家庭，彷如前一個死去孩子仍籠罩著這家庭；（2）受保護所捆綁的孩子（"bound" child）：在家裡被視為無比珍貴，經常是受到過度保護的；（3）復活的孩子（"resurrected" child）：被視為死去的兄弟姐妹再一次的轉世。在西方，我們甚至可以看到用失去的小孩的名字來為下一個小孩命名的情況，例如藝術家梵谷（Vincent van Gogh）和達利（Salvador Dalí）都有同名的兄弟，在他們出生前就去世了。

男人·英雄·智者：男性自性追尋的五個階段

因此，這個亂倫的願望：希望回到天堂，希望再次打開大門回到天堂般的狀態，是我們所有人的願望，我們都希望能再次擁有這樣的生活。這亂倫願望誘使我們當中某些人開始習慣使用毒品，如此可以短暫體驗天堂。酒精也是如此，短暫的天堂，但隨後醒過來，你要付出慘痛代價。你不能回頭留在那兒，癮頭的作用也許會帶來片刻體驗，然而隨著你又醒過來後，會意識到天堂之門又關上了。然而，人們一旦成癮，基本上是此後一生都在天堂門前大聲叫囂——試圖回去，同時服用過量的藥物。因此，這個回到天堂的願望，亂倫的願望，是非同小可的。但如果你對它已好好品嚐，並且強大到足以接受人生的下一個階段——一個更艱難、更挑戰，也更令人挫敗的階段，那麼關上的大門與生死無異。這太糟了，太令人沮喪了，這是我們再也無法擁有的；而佛洛伊德說，這是文化的開始。如果我們能擁有我們想要的任何東西，或如果我們能永遠擁有年輕的母親，我們將永遠長不大，不會去做任何其他的事情。所以他說，文化始於我們對伊底帕斯渴望的昇華；文化是性力比多的昇華。

　　榮格並未遵循這種思路。但是榮格確實說過，文化是後期發展階段的一項艱鉅成就。在榮格的觀點裡，人類的本性就會創造出文化，沒辦法擁有自己想要的東西並不是文化成就的基礎。因此，他出版了這本書，佛洛伊德讀了，當然不喜歡，給榮格相當不好的評論，榮格感到非常受傷。從此，他們的關係結束了，這段關係已經建立許久，榮格於是走上自己的道路，邁向下一個發展的階段，也就是他中年的轉化歷程。

離開母親世界

在某一時刻，好媽媽的意象會轉為負面。這是一種讓我們放棄發展歷程中的母親階段的自然方式。當母親在夢裡或童話中變成邪惡的繼母時，你是不會希望與她有任何關係的，因為她變得危險而有毒。這是離開這個人生階段的動力。因此，當患者帶來的夢，當中的母親開始是負面的，或他們開始談論母親不好的地方，這都是進入分析的早期階段。就好像我在不久以前那位二十來歲、終於離開父母原生家庭而自己生活的年輕個案，他是過得很好的孩子，大麻抽很多，當時已經不上學。一開始他對母親和家人表現出高度評價，說他是如何愛他們，但這其實不是一個好徵兆。然而，當他開始說起媽媽的種種不是，眼中的媽媽變成十分負面的角色時，或是當他察覺媽媽原來是十分自戀和對人極苛求的，是如何不想讓他離開的——當他開始將她看作是個女巫，從發展上來說這其實是很好的徵兆。這意味著他已經準備好要邁出下一步。而他真的這麼做。於是，他不再與父母一起居住，他遇見終身的伴侶，結了婚，完成了學業，成為一位教師，經濟上不再需要父母的支應。

所以，這在他的發展中是非常重要的階段，但其中的關鍵是他從負面的角度來理解母親，她在他的生命裡其實一直是十分專橫跋扈的。她愛他，喜愛他，寵愛他，想要永遠地擁有他，並且在他有女朋友而要離開她時感到相當難過。然而，當母親變成負面的、變成巫婆，或有時成為所謂的死亡母親（the mother death）或吞噬母親（the devouring mother）的人物，轉為大母神原型的陰暗面（在神話和童話裡所提及的），這時你就會知道個體化已經開始關上天堂的門，開始要離開母親的天堂世界。

如果沒有離開這個世界，因而出現日後必須加以治療的精神官能症，就成了我們所說的「永恆少年」（puer aeternus），永遠屬於媽媽的孩子。還記得在電影中，彼得潘一直演唱這首歌：「我永遠不會長大，我永遠不會長大，我永遠不會長大……」而他生活在一個叫做「夢幻島」[3]的區域，這是永恆少年的領土。永恆少年是生命被凍結的人，在發展上被固著，而永遠是母親的孩子。永恆少年可能是年老的，可能是五、六十歲了，但依然過著母親孩子的生活。在我執業過程中，曾經和許多這樣的人進行工作，而且我會說這些往往是悲劇；如果已經超過了一定的年齡和他生命應有的階段，幾乎是無法痊癒的。因為對母親世界的嚮往和渴望，一旦母親有狀況，他們很容易因為母親對他們的背棄、態度負面、不再以愛擁抱支持，就對她抓狂或暴怒，所引發的情緒立刻吞噬了他們的生活。這世界上找不到任何可以取代這價值的事物。

　　這些永恆少年可能非常迷人，充滿魅力，但最終是空洞的，而不是一個有創造力的人。至於那些文化的偉大創造者，身上往往是帶點永恆少年特質。

　　永恆少年是個奇妙的原型。這原型是永遠的小男孩，永遠的青春精神，在莫札特身上就能看到這一點。在很多充滿創造力的人身上，我們都可以看到這一點。但他們並不真的是永恆少年，他們沒有生活在虛幻的夢想世界裡，從來不是在夢幻島。他們正在創造真

3　【譯註】夢幻島（Neverland）出自於蘇格蘭小說家及劇作家詹姆斯‧馬修‧巴里（Sir James Matthew Barrie, 1860-1937）筆下的《彼得潘》（Peter Pan）。這是處於遙遠地方的虛構地點，主角彼得‧潘和仙子小叮噹、失落男孩們居住於這個島上，這裡同時還住著海盜、印地安人和仙子。英文 Neverland，直譯是「永遠不會之地」，就是電影主題曲歌詞「我永遠不會長大」。

實的事物，並活在現實的世界裡，卻與永恆少年精神保持著聯繫。這樣一點都沒有錯，能夠這樣是很棒的。這是男人創造力的基礎，應該好好地加以培養，並且保持著一定的連結。

　　然而永恆少年是有陷阱的，讓精神官能症得以侵入，就是會認為別的都不夠好，認為沒有什麼可以取代母親的世界。於是出現了毒品和酒精、憂鬱和疲勞、缺乏生命和精力，這是這類人物的一切典型症狀。而且，他們很難治療，因為內心這股渴望是如此深沉。如果他們是接受女性治療師的治療，而治療師可以適切地逐步幫他斷奶，可能會有療效。我有一個好朋友，她是一位分析師，曾經和很多永恆少年進行工作。她首先要成為他們的好母親，對他們有足夠的鏡映，同情他們的一切：生活是如何的艱難，如何的糟糕之類的。然後她會逐漸移向反移情的態度，開始詢問：你的責任又是什麼？這其中你自己的錯又是什麼？你要怎麼做才可以改變生活？就這樣，一步一步轉移到父親的位置。

階段的過渡

　　在過去傳統的世界裡，從母親的關係中得到釋放是透過成年儀式[4]而完成的，這是範・熱內普（Arnold van Gennep）和維克多・特

4　【譯註】成年儀式（initiation rituals）是通過儀式（Rite of Passage）的一種。Passage 意指通道，即一個人從原來的範疇通往另一範疇的過程。入門其實是「通道儀式」中的一種，是法國人類學熱內普（Arnold van Gennep, 1873-1957）提出。在他的經典著作，1908 年出版的《過渡禮儀》（Les Rites de Passage，中文譯本由商務印書館，張舉文譯，2010 年）裡指出，人一生在社會中會經歷很多轉變過程，比方由兒童期進入少年、青年、成年及老年期，由一個角色進入另一個角色，由未婚男性成為父親，由一份職業轉到另一份職業，由一個階級進

納（Victor Turner）的經典研究。熱內普是二十世紀的法國人類學家，他研究澳大利亞的原著民。當地的男孩長到十二歲，會從母親所負責的定居處遭到遣散，他們從母親世界移出。男人是獵人，他們走向世界，偶爾回來，但母親則是留在村子裡。但如今，這些男孩，十二歲了，因此被帶走而分離。他們有一系列的分離儀式，藉此將他們從母親那裡帶走，帶進曠野，並且在所謂的「過渡社區」裡停留一段時間。

　　過渡（liminality）指的是不確定的身分，是模擬兩可、介於兩者之間。這個過渡期有時會持續數週和數月，他們才能啟蒙進入男人團體。這過程會有許多嚴峻的考驗，有許多他們會遇到的挑戰，同時也教導他們有關祖先的神話；這是一種教育的體驗。最後他們可能可以從這過程走出來，但有時甚至沒有辦法——也許是沒達到資格，也許是沒有存活下來。如果能走出來，他們會被帶回村莊，以一個新的名字，透過一整套的儀式重新引介給母親和孩子們。現在他們是成年男人團體的成員，有了新的名字，承受的期望就不同了。他們不再是孩子，必須與男人一起出去打獵、釣魚、聚會，做任何男人做的事。在這過程裡，他們會施行慶典、神靈祭禮和儀

入另一個階級，由一個宗教或社團轉到另一個等。而古代或為尚未科技化的社會，這些轉變通常有特定的儀式，而這在現代社會往往失落了。熱內普綜合了他在各傳統社會中看到過渡禮儀的相同性，提出三個階段：分離（separation），即人與原來所屬的身分或組織離開；閾限（limen），在過渡中的過程，相當重要的；聚合（aggregation 或 incorporation），投進另一個身分或組織。閾限／門檻（limen）是通過儀式的中心觀念。因此，過渡的儀式稱 liminal rites，而且進入過渡到離開過渡都有其儀式，分別可以譯為越界前儀式，越界儀式，及越界後儀式。Initiation 這個字是「開始」、「自發」，泛指人在任何一個新範疇的開始，在這本書裡往往意味著發生中的通過儀式，有時翻譯成「啟動」或「開啟」。這個觀念是由美國榮格分析師喬瑟夫・韓德森（Joseph Lewis Henderson, 1903-2007）1939 年的文章〈啟動儀式〉（Initiation Rites）而引進到榮格心理學裡，成為討論文化無意識當中重要的觀念。

式。就這樣，他們被帶進成年的啟蒙階段。

　　令人遺憾地，如許多人的書中談過的，現代生活沒有足夠的啟蒙儀式來清楚標記出從童年到成年的過程。青少年階段基本上是從童年到成年的過渡期，這階段也就在學校裡，當學生進入中學時，需求就會變得更加嚴峻，令人挫敗的程度也隨之增加。孩子們於是在教育過程中，必須開始接受生命下一階段的挑戰。有時，在某些國家，部隊為男子提供了進入成年早期的機會。海軍陸戰隊會說：「我們打造男人」。他們將十七、八歲的男孩放進各種考驗、奮鬥、儀式裡，剪他們的頭髮，要他們穿上制服，而這一切改變了他們。

　　這一切改變了他們的身分認同，改變對自己的感覺，他們在這過程中變成男人，回看過去的日子，會覺得那是屬於童年的生活。因此，軍隊對男人的生命有時會有著這樣的作用。或者，準備上大學時，參加競賽讓自己能進入最好的大學，這挑戰是非常困難的，必須獲得良好的學期成績，還要參加考試，而只要有一所好的大學錄取了，就會享有值得慶祝的時刻。這是一種啟蒙的儀式。然後，會開始經歷更多的各種儀式，有了出路，同時也知道一扇門已經關上了。

　　因此，這時進入下一階段，我稱之為成為父親的兒子。現在雖還不是完全成熟的成年人，但也不再是母親的孩子，而開始是父親的兒子了。這在父權制度裡是十分典型的，但正如我說的，我們這時代已經開始改變。這變化造成青春期晚期和成年早期的這一階段，出現了很多身分認同的混亂和確立的工作。

　　　　　　　　　　　　　　男人‧英雄‧智者：男性自性追尋的五個階段

父親的兒子

我是 1961 年進入耶魯大學而 1965 年畢業，當時學校是純男校，並沒有女性學生。而我的所有教授，除了一位，一位非常優秀的女教授，全都是男人。而且我記得他們都是白人，當時沒有非洲裔美國人。到了今天，當我看到了耶魯大學新入學的班級時，我根本認不出誰是學生。現在是文化多元的，男性和女性都有，甚至女性占一半以上，同時也有許多的亞裔和非裔美國學生，已經是一個完全不同的環境了。因此，在我當年度過人生這個階段時，我是仰望男性教師來作為人生導師，我當然有很多出色的老師，直到今天都還記得他們，還是享受閱讀他們的書，仍然繼續向他們學習。他們是我的角色模範，是父權制度中有智慧、夠聰明和具備優良價值的那一部分。他們是父親形象。我已經將自己父母拋在腦後了，認為我的父親是不夠的，沒有達到這些偉大教授的標準。我就像是這些教授的兒子，追隨著他們的腳步。因此，既然他們是時代金字塔的頂端，我也就很高興地進入了這個教育和生涯建構的系統。

在另一方面，這階段的其中一部分是尋找女朋友，最後成為妻子和伴侶，但這並不是這個階段強調的重點。如今，這變得更早了。人們在初中期間就建立關係，在整個高中時期就有了性，一起睡覺上床，甚至同居，在世界上許多地方的高中可能都是這樣。所以，現在對年輕男孩的挑戰，和我當年年輕的時候大不相同。但我仍然會認為，這一切背後運作的計畫，還是在要求成為父親的兒子，而這個身分認同的感覺則是圍繞在強調位階、成就、認真工作、紀律等價值觀。現在，金字塔的頂部可能是由女性所佔據，她

們和男性一樣嚴格和堅韌。因此，我講的不是生理的性別，而是一種對待生活的態度——有紀律的生活，追求成就的生活——在這裡，人們必須努力才能爬上梯子，在這裡，沒辦法立即如上帝禮物般得到接納。在母親世界裡，每個人都是上帝的禮物；當你一出生，你就是完美的，世界上沒有比你更美麗的嬰兒，你是世界的中心。然而在父親世界裡是不一樣的：你必須努力才能得到，你是根據成就被分級，是根據是否違反規則而受懲罰。規則和紀律變得非常重要。父親的世界是規則、懲罰、紀律和成就的世界。這是西方傳統時期所建構的父權世界。如果看看中世紀的基督徒如何看待來世，就知道違反規矩的懲罰有多嚴厲——必須下地獄，且永遠在地獄裡。違反規則，以及不服從或違逆對習俗、慣例、位階的信仰，懲罰是十分極端的。這些在現代生活中並不那麼極端，但仍然存在。

關於我們當下的時代，一件令人非常不安的事是，法律的規則似乎不像過去那樣具有相同的力量。之所以需要這一切，是為了將社會加以組織，並維持社會內部的和諧與合作，讓人們可以相處。在中國，有儒家制度；在西方，有法律制度。當規則開始被破壞，不受尊重也不會有嚴重罰則時，整個系統就有崩潰的危險。這是我們時代政治面向的焦慮之一，因為父親世界受到的尊重是不夠的，這些體系因此面臨著崩潰的危險。讓我在這裡再說一遍：父親的世界是屬於法律、結構、後果和成就的世界。

父親世界的兩種陷阱

如今，父親世界存在著一個陷阱，如果一個人成功進入並通

男人・英雄・智者：男性自性追尋的五個階段

過該階段，就會發展出人格面具。人格面具是一種讓自己符合他人期望的社會身分：這是一項協議，我願意成為你在社交中看到的人，我將盡我所能地按照社交團體的規範來盡自己的職責。榮格談到了人格面具時，說那是演員的面具，如果站在舞台上，面具是非常重要的。如果你要在戲劇中演出某個角色，就必須留在這個角色裡，不可以離開這角色，否則會被趕出舞台，不再屬於演出的一部分。因此當你在社會上扮演某種角色時，你要戴上面具，這就是你的職責；如果你做得好，將會因此獲得回報。這些獎勵是十分有誘惑力、十分迷人的。因此，出現了一種發展，我們稱之為與人格面具的認同合一，人格面具成為一切。如果你在社交、商業、專業或學術上非常成功，很容易會在生活的各個面向都繼續帶著這個人格面具。你將無法摘下它。因此，當你回家與孩子們玩耍時，您還是一位醫生、律師、法官或教授。喔，我可是一位教授在和小孩一起玩，而你的妻子甚至會稱呼你教授。當然，如果你去餐廳，是有很大好處的。

　　幾年前我去一家餐館，擁有博士學位的偉大之處在於，當您致電餐館訂位時，可以自稱是史丹博士，就會得到好位子。如果您稱自己為史丹先生，得到好位子的機會會少很多，而且走進餐廳時，他們不會稱你為醫生或教授。這類事物社會上受到高度重視，然而這是個陷阱，因為個體化因此而停止前進。我曾與那些人格面具不可摧毀也不能拿下的男人進行工作，個體化就停止了，困住了。出現的狀況是，你變得非常順從，非常按規矩來，完全無法跳出框框來思考。永恆少年完全消失了，永恆少年的創新精神消失了，變得十分保守。你只想保持現狀，因為這才符合你的利益。在人格面具

中，這是父親世界的陷阱；你對社會的習慣、規矩和面具是如此的認同，以至於在此之外完全沒有個人的生活──這將是發展的第三個階段，稍後將會討論。

文學和神話裡有這類陷阱的例子。多年前，我根據希臘神話寫了一篇名為〈吞噬的父親〉（The Devouring Father）的文章。在希臘神話開始之際，因為宙斯的出現，而有了泰坦族。希臘神話第一位大父神是一位偉大的泰坦族人物，叫烏拉諾斯（Uranus，即日後的天王星），意思是天空，烏拉諾斯是天空之父。烏拉諾斯的伴侶是地球蓋亞（Gaia），大地。大地會生出許多孩子。當夜幕降臨，蓋亞會將自己獻給烏拉諾斯，在夜裡睡在一起，而早晨兩人就分開，他上了天，而她留在地面。最終她懷孕了，生了孩子，但烏拉諾斯不想要任何孩子，因為擔心孩子們會推翻他。這就是佛洛伊德所著迷的，所謂的伊底帕斯劇情：兒子長大了，並且殺死了父親。烏拉諾斯對這感到恐懼，我想是因為當時有著關於兒子會推翻父親的預言，他將兒子壓回給母親，不讓他們離開地球，只能住在地底下。所以，這是一位壓制的父親，不讓兒子長大。

我們在臨床上有時會看到這樣的情況，因為父親是如此好強，以至於與兒子的競爭相當激烈，因此沒辦法進入到某種關係類型或層次，讓兒子經由這關係繼續成長，進入該有的位置，憑藉自己而成為父親及成為有力的男性。他們被留在母親那裡，不允許離開母親。一段時間後，這裡不再是天堂了。這裡是非常黑暗的地方，大地下方的世界。最終爆發叛亂，其中一位逃跑了，名叫克羅諾斯（Kronos）。而他果真挺身而出殺了父親，成為新國王，後來有了一位名叫瑞亞（Rhea）的妻子。當雷亞生下孩子時，克洛諾斯也有

同樣的恐懼，但是他沒有把孩子逼回給母親，而是吞噬了他們。他吃了他們。他們必須住在他的體內。

　　現在這是另一種陷阱，或稱為父親問題，我們可以發現有些男人被父親完全吞噬掉。他們生活在父親的裡面。父親非常成功，比方說擁有一家事業，而孩子們則以二代合夥人的身分進入事業，扮演著某種角色，但從來沒有憑藉自己發展出任何東西。他們一生都生活在父親的陰影下，而這陰影是來自父親的創造力、力量和才華。這真是可悲的事。我們經常可以發現，如果父親非常成功，兒子們後來將無法成為子女眼中具說服力的男性父親形象，因為他的父親依然在他的生命中佔據著主導地位。這是吞噬的父親。有些強大而有成就的父親並不打算這樣做的，但是就是不能將兒子從這樣的囚禁中釋放出來。

　　克羅諾斯的其中一位孩子逃出這囚禁，他在母親瑞亞的幫助下離開了肚子，而這就是宙斯。宙斯最終閹割了他的父親，推翻了泰坦族，將這巨人族流放到塔塔洛斯（Tartarus），希臘神話的地獄。然後，奧林匹亞諸神開始出現了，他們的權威和權力因此分散了。宙斯與赫拉（Hera）結婚。而赫拉所擁有的權力並不充分，這時依然是父權時代，但孩子們則是自由得多了。這些孩子包括赫密士、阿波羅和其他神祇。孩子們還是有他們的問題，因為占主導地位的依然是父權體制，只是這體制逐步走向更大的自由。在我們這個時代，這個體制，宙斯體制，也就是父權體制正在瓦解中。這體制逐漸讓步了，而我們還沒有一個新的設置。心理學於是走進來，說：好吧，我們有個計劃、有個願景要給你，是文化中無跡可尋的；在後現代文化裡是沒有路線圖的，一切都是要加以質問和懷疑

的。

走向專屬自己的個體化之路

　　沒有事實，也沒有真理；在後現代中，人人都有機會；您可以玩這個或那個，或任何一個你想要的遊戲。但是心理學說不，這是有地圖的，只是每一個個體都必須遵循自己的道路，這也就是為什麼我們稱之為個體化。隨著文化的崩潰，心理學踏了進來，為每個個體提供自己的地圖，讓人們可以沿著這條在文化中不再會提供的發展路徑前行。各種文化所提供的都是無窮盡的變化和選擇，您可以選擇成為這個，或選擇成為那個，但文化不會提供你任何關於天性或命運的線索。你必須自己去發現。而我們該怎麼做？在心理分析中，我們透過無意識、夢、積極想像，與移情工作等方式而為之。人們在分析歷程中發現自己，同時能夠找到前進的方向。

　　有一個精彩的故事是關於被父親吞噬的男人的，這是托爾斯泰的精彩故事，篇名是《伊凡‧伊里奇之死》（ *The Death of Ivan Ilyich* ）。這個短篇故事是關於出身於有著好父親好家庭的一個男人，長大後進入父子階段，直到去世以前都沒有離開。這是個關於一切按照慣例而被困住，永遠是父親之子的男人的完美描述。他是個完美的傳統官僚，進入父親所任職的同一部門而成為俄羅斯官僚機構的一份子。父親提拔他，為他找到一個好的職位；他找到了自己的位置，一段時間以後有了中等程度的成就，結了婚，生了孩子。他按照常規的模式裝飾房子，他的妻子是傳統的模樣，孩子也是：這一切就是一幅完美的圖畫。有一天他出了意外；他以為事情並不嚴重，只是從梯子上摔下來，受了一些傷，但最後卻演變成相

當嚴重的醫療問題，發現自己就要死了。醫生告訴他這情況無法治療，也不可能痊癒。他身體內部世界發生了可怕的事情，醫生沒法修復，他必須面對死亡。然後，他有了強烈的啟發，原來他一直過著完全順從父親的生活，因此錯過了進入下一發展階段的機會，原來是有許多機會的。他明白了自己錯過的一切，突然意識到自己已經錯過了男人一生中最美好的時光，包括發展可以提供的一切，以及人生下半場的那些發展階段將經歷的一切。這真是非常悲傷的故事。

而現在，你該如何離開而進入下一階段，也就是英雄和阿妮瑪階段？如何通過這個階段？你將經歷中年的轉化過程。這跟青少年是相當類似的：過渡和轉化，是我們下一講要討論的。如果離不開父—子階段，發展出的精神官能症就會是老朽意識（*senex consciousness*）。*Senex* 是拉丁語，意指老人；你會在時間還沒到的時候就變老，變得相當保守僵化，與人格面具合而為一。你會為此付出可怕的代價，包括創造力、焦慮、憂鬱、內在衝突等等，因為個體化想要更加向前進。

在我的治療經驗中，看見一些男人抗拒著這樣的中年轉化，日後付出了慘痛的代價。他們失去了生命的喜悅，失去了原本應該經由阿妮瑪帶入人生的隨興能力和創造。但阿妮瑪在中年階段是相當有破壞性的，帶出的發展可能是有轉化性或是破壞性的，可能產生好幾種不同的結果。走出這個父—子階段是一個巨大的挑戰，特別是一個人如果已經有好的表現並且獲致相當的成就。畢竟這是一項有風險的事情，可能會失去很多的社會地位和威望，但也可能從中有許多收穫，將在男性個體化發展的第三和第四階段進一步看

見。

　　所以，如果我們活得夠久，「打造男人」將是一個巨大的計劃。如果沒辦法活那麼久，可以加快速度。榮格曾做過有關兒童夢境的一系列演講，討論了一個孩子的夢，這個孩子病得很重，不太可能從疾病中倖存。那是致命的疾病，因此孩子在十歲以前就死去。榮格檢視這孩子的夢，同時發現這些夢不可思議的成熟。這些夢在每個階段都表現出一定程度的個體化，這意味著在無意識層次，一切都加速了。這並沒有出現在孩子的意識裡，但無意識正以相當快的速度移動。再一次驗證，我們是在兩個不同層面進行個體化——意識層面和無意識層面，所面臨的挑戰在於意識是否跟得上無意識，是否跟得上它的時程。這有一部分是靠運氣、共時性和偶然性；一部分則是對生命呈現給我們的要求隨時保持注意力。

問與答

問 在個體化的後期階段，「陰影」扮演的角色是什麼？陰影是榮格心理學中非常重要的一部分。

答 陰影是每一階段的其中一部分，但在最後一個階段開始處理惡的觀念時，將會是最大的問題。我在談母親的部分時稍微有談到一些，我們知道有好母親，也有陰影、巫婆。好母親的陰影面是不讓孩子離開的母親。她將孩子抱得太久了。她是死亡母親，那是母親的陰影。父親是十分積極的人物，他帶領、啟動孩子，同時幫助兒子適應這個世界，這是非常重要的。但是他也可能成為吞噬的父親，這

就是父親的陰影面。他不會讓自己的兒子長大到足以承擔適當的成人角色。所以，每個階段都有陰影。但是當進到第五階段，開始處理終極意義時，陰影將成為巨大的問題；正如榮格所說的，是惡的問題。這點我們下次再討論。

問 我們是否可以預知某個人是否能轉化？我們所從事的是非營利性工作，所以總是在思考是否會出現改變。

答 我是從不放棄這可能性的。我和一些男士進行心理治療多年了，有時看起來開始有些進展，然後又退了回去。但我從不放棄，因為我認為無意識永遠不會放棄。我將會一直和這個男人工作，只要他依然願意認真看待無意識，也就是認真看待他的夢，認真看待他的感覺、直覺、幻想，並且願意去做夢與積極想像的工作，如此一來，我認為這個機會是很大的。但是，如果這個男人對我說：我對這些不感興趣時，表面上他的自我是十分理性的，其實是很害怕將心靈的另一面納入思考，那麼我認為他轉化的機會就會很小。幾年前，我曾與一位銀行家探討他的惡夢，恐怖的夢，但他不願意改變自己的人格面具。他當時六十歲，被定住在副總裁一職，每年有相當巨額的紅利，擁有兩到三間房產；他只是要我把他變得更好，他才好繼續前進。

問 您演講提到，為了治癒一位不想離開天堂的永恆少年，治療師可以在分析中轉到父親的位置。這是指分析師要去發

展個案自我的強度或是社交上的人格面具？我們為這些人所做的工作，是幫助他們離開天堂？我們是否應該幫忙強化他們的自我？

答 對，正是如此。在分析中，我們可以稱之為自我的強化工作。這位女士，我先前提過的分析師，她認為當某人變得憂鬱時，你會知道他們的故事，會好好傾聽他們。顯然，他們在生活中遭遇到一些困難，也許是失去了某個人。你從同理開始，從母親的位置開始，加以扶持並給予養育，對他們充滿耐心。這就是鏡映，你聆聽他們的傷痛、問題和煩惱。但在相當一段時間以後，得逐漸改變，不能只待在那裡，否則會更深入地挖掘這一切。大腦中有著記憶軌跡，這些神經系統也就越來越深化，他們會因此反覆說自己的故事。因此，你要開始離開這個位置，去問：你該做些什麼來改變自己的生活？你該怎麼做才能更適應這個社會？你會考慮到教育的可能性。比方說，這位女分析師給那些離不開母親的年輕人的建議，就只是去理個頭髮。像是如果你要去面試，你會如何穿著，表現自己？讓我們來角色扮演吧。她會鼓勵他們接受挑戰，開始朝向父親世界移動。理個頭髮，買件乾淨的襯衫，依場合穿著：這就是人格面具。你會怎麼開口呢？你要正眼直視那個男人嗎？這些相當平常的事物，是人們必須去做，才能走入社會，同時在社會中起步。一旦現實開始有些成果，這些回饋也就慢慢轉為成就，大多數的人會發現，現實其實是比

他們幻想中的還更好。於是交叉點出現了——由努力所獲得的回報，比做夢、白日夢、偽裝還更好的時候。如果努力工作，就會獲得更多，這時力比多也就開始朝那個方向流動，不會想要再退行回到孩童時期，而是想讓生命繼續往前進。然後，憂鬱的程度會逐漸下降或消褪，或被擺到一旁，所有的功能可以開始恢復運作。因此，這既是對自我的打造，也是從幻想過渡到現實，從只是夢想著美妙的事物到創造出美妙的事物。將事物帶入世界。

問 我們發覺個案會在生命中的不同階段與父母分離，你覺得在人生不同的階段離開父母，會有所區別嗎？

答 三不五時就會有一篇新聞報導，討論著義大利的年輕人，還住在媽媽那裡，都已經四十多歲了。他們不想離開家，因為母親可以為他們烹飪美好的食物，幫他們洗衣服，不必有任何婚姻、妻子和子女的麻煩。母親滿足他們的需求。他們在其他情況下，包括他們的專業和工作等等，可能表現良好。但是，不同的文化對人有著不同的期望。在義大利，顯然這是可以接受的。在美國，也許現在也開始改變了，因為有這麼多的失業人口，孩子們開始回家，希望能獲得支持。整個環境正發生變化，但基本上，模式會是，在青春期初期、中期、晚期，或是二十歲出頭開始啟動進入成年，這時個體化的進展是為了在這世界自主和獨立。這種渴望被照顧的退行，將進展又拉回來了。天堂之門關得不夠緊，畢竟這也是很痛苦的。這意味著母親要放

手，而兒子必須向前走。但這成為了阻礙。我曾與一些非常依賴父母的男人進行心理工作，而且我認為當他們擁有自己的公寓並且開始自己洗衣服，自己購買和烹飪食物，懂得照顧自己時，可視為是向前邁出的一大步。他們開始對自己感覺好多了，並為下一個發展階段開始做準備。

有一個我一直沒有提到的詞，責任，到了第二階段就開始成為重要的詞：對自己和對社會的責任，對參與這世界的個人責任感。我認為，就算你住在家裡也是可以做到的，只要你支付住在家裡的房租，在財務上幫助父母。所以，我不想對這一點訂出嚴格的規定。但第二階段的心態和態度是立足在屬於你的世界，負責任地照顧自己。

下半場人生：
成為英雄，邁向智者
的自性旅程

引言

> 上一講的範圍涵蓋了艾瑞克森社會心理發展模型的前六個
> 階段。艾瑞克森晚年又提出了第九階段，也就是靈性。然而我
> 們可以看到，莫瑞在前一講中所討論的兩個階段已針對中年之
> 前的人生提出一些發展的基模。接下來還有三個階段的講解，
> 實在是令人興奮。後三個階段（英雄、傳道人、智者）對榮格
> 的理論和臨床實踐，將會有很大的啟發性和創造性。

　　上一講，我先介紹了階段的概念，從五個階段的圖例中，我們
可以看到，發展始於童年，即所謂的母親階段，然後經過啟動過程
進入青年時期，也就是所謂的父親階段。現在，我們將開始討論下
一個階段，也就是中年。這個階段由阿妮瑪體驗所指導；然後我們
將繼續討論成年階段後期，自性；然後是老年，神（上帝）。在講
述的過程中我會依序定義這些詞語。每個階段都是建構在另一個階
段之上的，在整個生命週期中螺旋向上移動，直到最後階段，在死
亡的那一刻進入永恆。我們談過第一階段，當中我將男人定義為母
親的孩子，她從母親體內被帶入世界，同時依戀著母親，正如我們
所說的，是被誘惑進入生命。在這一階段的主題是養育和涵容，因
為小男孩還沒辦法靠自己運作，必須由別人來照顧、抱持、包容和
餵養。這個階段由母親世界或家庭所提供的保護，對於他在身體、
認知和心智上得到成長以進入下一個階段，也就是父親階段，是非

180　　　　　　　　　　　　　　　　　　　男人・英雄・智者：男性自性追尋的五個階段 ⊢

常必要的，他需要展現得以在社會上運作的能力。到了這個階段，他是父親的兒子，從母親的男孩轉而成為父親的兒子。

在這個階段，他體驗到生活的義務和責任、社會的結構、規則和規範，以及追求成就和成果的壓力。這是人格面具建構的領域，試著要適應他出生所在的社會體系。這兩個階段通常發生在生命的前半部分，也就是從出生到三十多歲。但是我不想限縮在特定的時間點，因為階段之間的遞移有很大的彈性，特別是在我們將要看到的後期階段，每個人在進入和離開階段的實際年齡很可能是相當不同的。只是我們要記得，前兩個階段基本上佔據了生命的前半期，然後出現了過渡。一如榮格曾經討論過的，生命分為前半和後半；前半部分的責任是自我發展，而後半部分的任務則是連結自性，建立起自我—自性的聯繫或是建立自我—自性軸（ego-self axis）。

拯救阿尼瑪的英雄

現在我們進入第三階段，約略可以說是中年的過渡期，但也可能在生命更早時期出現，這是視個人而定的。在前兩個階段之間有著向前的運動，從第一階段，也就是依賴的階段或母親階段，移動到第二階段，是父親階段，也是順從的階段。順從是指針對於與社會生存有關的規則加以承認。父親階段是有位階的階段；不一定由男人統治，但那是個父權體系，而非結構更加平展、團體成員權力分配更平均的母系體制。

父親體系則有明確的職權位階，更像是軍事系統，有一個最高層的人：一位將軍，或皇帝、國王，然後所有的下屬都一層一層排

列在他的下面；你如果取得了成就，就可以在這個社會秩序中沿著體系職級攀上越來越高的位置。在相當的程度上，這取決於成就，某一程度取決於人脈，也取決於這體系內每個人對於被賦予的責任的執行能力。因此，父親體制裡權力的所在是在個人之外：在法律制度內，在社會制度中；如果想知道這個階段應該如何操作，可以查閱規則手冊或是詢問權威人士。我們不會問自己的想法是什麼，而只是遵循規則。通常，這是有規則手冊或倫理法則的，是我們會遵守的。或者，我們去找比我們更高階的官員，徵詢他們的意見，然後遵循指示。軍事制度是父親秩序、父親世界的完美範例，而某些宗教制度也是完美的範例，例如天主教教會。天主教基本上就是一個十分位階化的秩序，最上面的就是父親、爸爸（*papa*）、教宗（Pope）以及他所領導的所有教會官員。在這體系內，如果想知道什麼是該做的事情、該前往的方向，可以找一位權威人士和閱讀書籍，權威存在於個人之外。

由自性驅動的內在權威

當進入第三階段，這一切就出現巨大的變化。我們將開始討論英雄階段，在此階段，權威的位置從外部轉向內部。這階段的特色是努力去達到個人自由。如果父親階段是服從權威，英雄階段則是行使個人自由。怎麼說呢？

男人的個體化過程和女性之間有很多相似之處。在第四階段[1]，

1　【譯註】關於榮格提出的個體化觀念，雖然是榮格心理學當中相當重要的一個環節，有許多的論述，但是莫瑞·史丹可能是第一個將它歸納成這樣的五個階段的人。個體化的理論，在過去已經相當普遍地應用到女性的自我成長領域，但並沒有這樣的階段劃分。在這裡莫瑞指

女人也像男人一樣，同樣要從依賴轉變為個人自由，轉為自我與自性的聯結。兩者之間也許有細節上的差異，也許步驟順序不同，但基本上是非常相似的。但你可能會自問，為什麼每一個人都會個體化？為什麼我們不能就這樣一直停留在第一階段，就只是持續依賴這個基本上屬於母系的體制裡，在這個權力平展分配的結構裡，以女王為中心，系統內有著彼此連結、相關的網絡？然後，到了父親世界，權力結構轉變為高低位階的。為什麼在個人、社會和個體生命中，會出現這樣的轉變？

有關這一點，社會心理學提出許多理論，而社會科學家也研究人類歷史是如何從母系體制移動到父權體制，認為這似乎是在首次建構城市時才出現的。城市中有許多人居住在一起，因此需要更有組織的權威體制，當中有個人在最高層可以為結構次序負責，而其他的每個人都依序排在下面。然而個人自由的運動，又是為何會發生？榮格心理學的論述是，個體化的歷程是由自性的能量所驅動。自性是心靈的整體，也是心靈的中心。自性是心靈能量的主要來源。我們可以將心靈想成太陽系一樣的結構。

心靈同樣有個太陽，其他行星都圍繞著太陽旋轉，太陽則是能量的來源。如果沒有太陽，地球上就不可能存在生命，世界將沒有能量。我們在地球上所消耗的能量全都來自太陽。我們受益於來自

的是相對應的階段：就像第三階段對男性是阿妮瑪階段，對女性在這個階段相對應的就是阿尼姆斯；到了相對應的第四階段，就是他所謂的：「女人也像男人一樣，要從依賴轉變為個人自由，連結自我與自性的結合。」從榮格以來，榮格心理學一直都強調男性和女性的相似性，只是在某些階段有軌道上的差異而已。而這也就是為什麼在六、七〇年代，西方女性主義運動風起雲湧時，這些女性運動者選擇了榮格心理學，而佛洛伊德精神分析反而被視為女性主義的主要敵人之一。

太陽的能量；而能量是存儲在行星、動物等身上，因此，我們每天使用的能源基本上是太陽能，雖然以氣體等形式存儲在地球上，但關鍵是，起源依然是太陽。

自性是心靈能量的起源，也是心理能量如何運行和發展的基本指導者。個人生命史所發現的模式，基本上就是原型模式。個體化模式就是原型模式，內建於自性的結構。自性要我們開始個體化，這就是我們的理論。您可以不必相信它，但可以依此來思考自己的生命如何開展：為什麼做了那些自己已經做的事情，做出那些已經下的決定。有時這些是理性的決策，通常是來自認知思考，但有一些則不是。有時這些決定是不理性的，但是你有種感覺或直覺，覺得自己必須去執行，也就是必須朝某個方向前進。心靈的成長，經由我們所討論的五個階段，基本上是由自性所驅動和引導的，自性要個體行使個人的自由。我們可以這樣想：第三階段，也就是英雄的階段，是一個男人走向成熟的過程中不可避免的發生和發展。

什麼是英雄？我們所說的英雄階段又是什麼意思？這階段與阿妮瑪有關。阿妮瑪是通向心靈深處的門戶。阿妮瑪是人格面具的敵人或對手，彼此無法共存；它們不喜歡彼此。阿妮瑪是不守規矩的。人格面具是秩序、想要適當融入、想要成為社會秩序的一部分、想要舒適、前進；人格面具想要穩定。阿妮瑪完全不同，它是破壞性的、狂野的、充滿生命力和偶發性、充滿能量，將會以各種不同的方式在男人的生命中帶來嚴重的破壞。阿妮瑪如何顯現在男人的生活中？我們在這裡稍微想一想。

如果您閱讀喬瑟夫‧坎伯（Joseph Campbell），他在這個主題領域是個權威，透過他的作品可以好好看一看古典神話中的英雄生

活。他寫了許多有關英雄模式的書籍，例如《英雄的旅程》（*The Hero's Journey*）[2]，當中可以找到英雄旅程也是一種原型的模式，在世界所有文化都可以發現。故事永遠是屬於英雄的，即便有時主角是動物，有時是人。英雄要做的是追尋。英雄於是離開社會秩序，開始他對靈魂的追求。你可以看看柏修斯（Perseus）的神話，他是一位著名的希臘英雄，有許多英勇的事蹟，最後他終於清楚自己所要尋找的，是一位名叫安朵美達（Andromeda，仙女座）的女人，一位被綁在石頭上的美麗女人，受到火龍怪物的支配與控制。柏修斯擁有劍和盾（他因為十分英勇而贏得了這些），將她拯救、帶回家並與她結婚。他帶她回自己父親的王國，與她結婚，而且成為這國家的下一任國王。這就是英雄的任務：幫助阿妮瑪擺脫怪物。而怪物又是什麼？

在童話故事中總會有一位公主，是英雄必須找到並贏得的女孩。公主一般是不太情願成為伴侶的，她住在父親的王國或宮殿中，不想離開。她不想理這些追求者，總讓他們敗興而歸。我們在童話、故事和歌劇裡，一遍又一遍地看到這一點。這個不情願的女人，這位阿妮瑪，這個靈魂人物，為什麼不情願呢？她不情願，是因為自己被困住了；若不是被怪物母親困住，就是被父親困住。如果她是被父親困住，她便沒有為自己做選擇的自由，因為受到父權體制的宰制，必須要有個英雄將她從父權體制中解放出來。他們兩人原本都是不自由的。英雄讓自己自由了，他繼續旅程，必須釋放阿妮瑪／靈魂人物，贏得她的心，與她建立關係。

2　【編註】本書是由一群心理學、人類學、文學、電影製作人等，共同訪問坎伯之對話錄，由菲爾・柯西諾（Phil Cousineau）主編。

有個童話故事，是我最愛的其中之一，我寫過幾次相關的文章，是格林兄弟寫的《白蛇》（The White Snake）。這原來是源自德國的童話，但和世界其他地方的故事有雷同和相似的地方。這是一位年輕人擔任國王僕人的故事。他每天都會為國王帶午餐，放在蓋子底下。有一天，他摘下蓋子，發現裡頭有一條白蛇。他決定嚐一口。當吃了這蛇，他忽然間就能聽懂動物的語言。現在他明白了，國王為什麼為如此聰明。他放回蓋子，呈給國王，但還是被發現他違反了規定。他是國王的僕人，不應該那樣做。國王因為他違反了規則而要懲罰他。最後經過一連串的情節和過程，國王寬恕了他。國王的妻子卻非常生氣，要將他斬首。國王說，他確實不是一個壞僕人，如果願意留下就留下吧，如果不要就離開吧。如果想離開，我會給他一些錢和一匹馬，讓他離開。僕人因此決定離開。

　　這個離開，是從父親階段的脫離，是充滿勇氣的舉動。英雄鼓起勇氣離開父親的王國，他離開，經過了許多試煉和考驗，終於來到另一個王國，在那裡遇到一位美麗的公主。她歡迎各地的追求者，但所有的追求者註定都會失敗，並遭到斬首。但他決定冒險。

　　為了贏得她的芳心，他必須通過許多測試。藉由動物的幫助，加上自己優異的直覺和天性，他成功了，贏得了公主，並為她戴上戒指。她被感動說服而接受了他，兩人於是建立關係，結了婚。這就是英雄贏得阿妮瑪的歷程，使她成為自己的人，同時也將她帶離父親和家人。故事到此結束，大家自然會想知道後來怎麼了。百老匯的戲劇作家史蒂芬・桑坦（Stephen Sondheim）幾年前寫了一部非常成功的百老匯音樂劇，名叫《走進森林》（Into the Woods）。這部戲描述著童話結束後所發生的故事，在他們說「從此過著幸福

快樂的日子」以後，但婚姻之後真正的情況到底是如何？這也是我們在第四部分所要好好去看的內容。

贏得阿妮瑪的英雄，意味著他獲得某一程度的自由及與無意識的連結，即便他生活在社會秩序中，也可以保持這一切。一般來說，在這個階段男人通常不會完全退出社會，有些人也許會。但通常的情況下，他們會經歷一段晦明晦暗的歷程，就像我在我的書《中年之旅：自性的轉機》（*In Midlife: A Jungian Perspective*）所說的那樣，他們在尋找自己內心深處的東西，以尋得方向。他們有點迷失了方向，雖然他們在生活中取得一定的成就，但他們意識到這並不是終極價值。他們想脫離這個順從於父親和階層結構的階段，為自己的餘生找到內在的方向。因此，他們展開中年之旅。我和很多處在這個人生階段的人進行過心理工作，觀察他們的夢、做內在工作、進行積極想像等等，都是很重要的，這樣才可以感覺到他們人生歷程的下一步將是什麼。如何在意識和無意識之間，或是在理性和非理性之間找到平衡，是此時的挑戰。在榮格心理學中，我們稱之為超越功能的建立，這樣才可以或多或少在自我與無意識之間建立起穩定的聯繫，而且這是來回流動的，這個人可以站在橋樑的中央，同時看到兩邊，考慮未來的前景，再做出決定。

投射的錯覺帶來破壞

整合的問題有時會忽然浮現。無意識是否已整合到意識裡？我認為其中一部分也許可以，但重要的部分是未被整合的，也未成為自我身分認同的一部分。但是，在自我的身分認同（ego-identity）──這是意識裡對自身和自身位置的感覺，和無意識之間

會建立起一種顧問關係。有時情況是，無意識被投射出去，將狂野且帶來生命活力的阿妮瑪能量投射到某個人身上，而這投射將反過來破壞無意識和意識的關係。典型的情況是，男人會愛上一位阿妮瑪的女人，一位阿妮瑪型人物，某一程度上可以說是著迷了，執著於需要和她在一起，執著於在生命當中擁有她。這一方面可能帶來澎湃的生命力；但另一方面，卻可能非常具破壞性。而這一切都可能推動變革。阿妮瑪是無意識的轉化能量，一旦投射到某人身上，這股轉化的動力往往也就從關係中顯現出來。

我曾經與中年出現這經歷的許多男人進行心理治療。他們原本生活在穩定的家庭和婚姻關係中，但就在這樣的時候，發現了一位女人，這個女人以其他女人從未有過的方式來對自己的靈魂說話。這是典型的故事情節，他們以為找到所謂的靈魂伴侶。靈魂伴侶是一個與你的靈魂說話的人，你以自己過去生命從未有過的深度、想像力和感受力與她交流。這是非常強而有力的體驗，這個男人會因此開始重新安排生活，才好在他的世界裡為這位阿妮瑪女人找到一個空間：有時這意味著要離婚，有時是全新方向的開展——也許是全新的家庭、全新的職業，甚至是定居生活在全新的國家。巨大的變化隨著阿妮瑪投射的出現而被激起，我們看過許多這樣的故事。有時候，阿妮瑪被描繪成黯黝的，彷如她是危險的，譬如多年前（1987）的一部電影《致命的吸引力》（*Fatal Attraction*），描述的就是某個女人誘惑某個男人走向毀滅。

也有些關於這樣女人的神話，例如呼喚男人的美人魚，唱著賽蓮海妖（Siren）的歌曲，男人於是隨著歌聲進入深層水域而淹死。因此，這是危險的時刻，心理上失去了穩定，幾乎到了精神病症的

強度，而且只專注在一件事：在我這一生一定要擁有阿妮瑪。如果這經驗可以獲得處理，也就是說，在這個男人此刻所成就的人生樣態中得到接受或包容，這將會成為相當正向的體驗。這是一生一次的難得機會，可以體驗這般強烈活著的感覺，一切不僅只是浪漫而已：這就是生命本身。榮格說，阿妮瑪是自性的原型。因此，這將帶來生命活力，充滿能量，但也可能十分具有破壞性。如果無法以某種方式看透這一切，也就是說，辨認出所投射出來的以及被投射客體之間的差異，當阿妮瑪被投射在某個人身上，就產生錯覺。

榮格表示，阿妮瑪是製造錯覺的高手，她所創造出來的錯覺如天堂般和諧、極致完美而美麗，現實裡沒有任何女人能夠活出這般境界。有些女人也許可以扮演這角色一段時間，這將賦予她們凌駕男人的極大力量，她們可以透過這力量擄獲男人，予取予求，這的確經常發生。如果這男人無法抗拒，可能會招惹很多麻煩，最後徹底毀了人生。但如果這個男人可以看透這一切，看清他所經歷的只是投射，那麼他就有機會可以和所投射的形象建立關係，將投射的承載者和投射形象本身區辨分明，這意味著關係可能斷絕，也意味著他對這女人有更符合現實的理解。他也許還是覺得她十分有吸引力，但那是從正常人的角度，而不是因為原型而加深這種好感，由此與她建立關係，但不會是那種付出全力消耗一切的強度。

英雄的能量，就我所瞭解，是可以用來將阿妮瑪從表面客體的連結中分離和釋放的。只要阿妮瑪與表面客體還連結著，這男人就不可能自由。但如果他能夠將其分離，也就是將阿妮瑪從其依附的客體上釋放出來，那麼他也就可以用更直接的方式與阿妮瑪靈魂本身建立關係，體驗到阿妮瑪靈魂是他自身的一部分、是他的深層內

在以及他自己的無意識，同時也獲得自由。這時，阿妮瑪會變成不一樣的人物。

榮格曾對此有過許多的論述：阿妮瑪一旦擺脫了投射，她便成為他下一階段發展方向的內在引領。這階段的挑戰是如何獲得真正的自由，並且運用這個自由來尋找有意義的生命，而這就是第四階段。所面臨的陷阱是，如果沒有對這個投射做分析，沒有將投射分離開來，我們將會面對死亡的故事，這可以在華格納（Richard Wager）的歌劇《崔斯坦與伊索德》（*Tristan und Isolde*）看到這一切，他們將靈魂人物投射在彼此身上，故事於是以相互自殺而告終。他們無法面對沒有彼此的生活，但他們無法擁有彼此。這是一個非常悲劇性的故事，但在生活中確實有時是會發生的。或者是這種情況：一個人繼續活著，但終其一生的哀悼：唯有擁有那位承載阿妮瑪投射的女人，生命才會變得更美好，更充實。於是，餘生都將在渴望、懷念和絕望中度過。

所以，在這個階段獲得自由，是非常重要的；這是這階段的目標。英雄將獲得自由，在心靈深處與自己共處，依循著內在的引導和權威，即是阿妮瑪將引導他前往的地方。在這裡我呈現的圖畫是柏修斯帶領著安朵美達（仙女座）回家。您會看到英雄柏修斯（英仙座），一張希臘的面孔，背景有一條龍，正在拯救安朵美達重獲自由，於是她成為他的妻子。成為妻子並不是外在意義上女孩的婚嫁，而是指與內在的阿妮瑪之間打造更牢固也更持久的關係。這將使一個男人的生命擁有極大的自由，所以才能以內在自我引領的方式找到自己的道路。

實踐自性使命的傳道人

　　現在我們開始從自由的階段，過渡到我所謂的第四階段，傳道階段，這階段的意義或許可以定義成為自性而服務。關於這一點的思考是非常重要的：在白蛇的故事裡，英雄與公主結婚，繼承了王國而成為國王，而公主成為王后。現在他擁有統治的自由，這是男人生命中成年的成熟階段：我們可以將這想成是介於四十歲至六十歲、六十五歲之間的年齡，這年齡階段的男人被召喚去擔任某個領導位置。他現在受任命為公司的執行長、或是國王、或是家族的家長（*padre de familia*）。他不再只是那個扮演父親角色的年輕人：現在他確實成為父親了。在生命的這個階段，多數男人的親生父親已經往生或相當衰老了，這讓男人有空間承擔王權之位。但這樣的

王權和我們在政治領域所看到的完全不同。在政治領域，得到權力的男人是過度成長的孩子，想要擁有權力只是為了權力本身和出於自戀。

這階段身為君王面臨的挑戰，是如何為自己的子民謀福利。換句話說，他成為人民的僕人。在中國歷史上，君王始終是臣服於上天的統治之下，如果國家有了任何狀況，聖賢將會被召見，詢問究竟出了什麼問題，並且重新建立君王與天上統治者之間的聯繫。君王或國王是在神的祝福下進行統治；這類似於天主教會的教宗。教宗是地位最高的人，但還是位居神之下，他的工作是服侍教會而非統治教會。而腐敗的人，如歷史織錦出來的畫面裡充斥的許多腐敗教宗，他們所做所為全出於自戀，出於自己的享樂和財富，好讓自己過著美好的生活並統治其他人，但這不是個體化的第四階段。在第四階段，是由阿妮瑪引導著自我，開始與自性接觸。阿妮瑪是走向無意識深處之門，而位於整個體系中心的太陽，是自性。她的工作是引領這個與她接觸，贏得她的愛和連結的這個人，走向整個體系的中心，也就是自性。所以，人們實際上是可以將這種王權視為僕侍身分，但不是去服侍議員或政客這些協助他掌權及滿足自我的人，而是要去服侍自性。自性是包涵著共同利益的。

為眾人之益服侍的使命感

好的國王會為王國裡的所有人民謀福利；壞的國王則是統治他的人民，甚至施行暴政，在國內製造恐懼、分裂和衝突。我們將此稱為鍛造出「自我—自性軸」，這是個抽象的技術名詞，意味著自我與幕後的力量在意識層面有了更多的接觸，從而引導整個體系成

為發展中的體系。因此，對於處在這個生命階段的男人來說，有著自己的使命是十分重要的。這就是為什麼我稱這個階段為傳道人的階段。這個傳道不是宗教意義上的，這裡所傳的道是人生的意義和方向，不是源自個人的夢想和野心，是源自另外的源頭，也就是自性。

在《奧德賽》裡有一個故事。奧德修斯四處漂遊，試圖找到回家的路，而從特洛伊到故鄉伊薩卡的路程經歷了長時間的辛苦流浪。他在半路上獲得這樣的訊息：如果他想要回到家，就必須到冥界會見特伊西亞斯（Tiresias）。特伊西亞斯是生活在冥界的智慧老人，在希臘神話中是諸王所諮詢的智者，他去世之後前往了冥界定居。奧德修斯必須去找他，詢問如何回家，如何走完旅程的最後一站而回到伊薩卡。當他遇到特伊西亞斯時，他得到指示，而這也成為他的使命。特伊西亞斯告訴他，如果你答應做一件事就可以回家，可以與等待著你的心愛妻后潘妮洛碧（Penelope）共度一段美好的日子。在這之前你將有段艱難的時期，你必須為回到自己的位置而奮鬥，但一定會成功的。但是在稍事休息之後，就必須繼續前進。你必須拿著我們在船上用的槳，帶著它朝內地走，走到沒有人知道這是什麼的地方為止。那裡的人從未見過槳，而你必須告訴他們這是什麼。他們會認為你拿的是鼓風扇，扇出風來篩出穀物，將穀與殼分離。但是你必須告訴他們：這就是槳，而我是來自大海，我為了榮耀海洋之神波塞頓（Poseidon）而前來你們這裡豎立起這片槳。特伊西亞斯說，這就是你的使命，你必須榮耀波塞頓，否則他是不會讓你回家的；他會持續讓你的餘生都在地中海四處漂蕩，所以還是向這位神許下諾言吧，他將會讓你活到高壽，在家中床上

過世。

因此，奧德修斯得到他的使命，而且成功達成使命。而這就是人生在這一部分所需要的：一種使命感。我並不是指某種理想化的東西，而是堅定的目的感。在社會上或家庭裡地位較高的男人，是要負責榮耀眾神，要為他人樹立榜樣，透過服侍他所領導的團體來履行領導任務。這就是我所認為的領導力。在人生這個階段能好好領導著事業、國家、家庭等等的男人，都認為他們的人生目標就是讓這團體能達到高標準的實現。他們遵循並執行自己所宣示的使命。他們忠誠於這使命所表彰的價值，並與感受能力、價值判斷，也就是與道德倫理相關的能力，是聯繫在一起的，並且對這一切付出真誠和忠實。他們擁有約翰·畢比（John Beebe）在所說的「品德深度」（Integrity in Depth），這也是他幾年前寫的一本美好且重要的書的標題：《品德深度心理學》（*Integrity in Depth.*）。這就是他書中所討論的：對自性、對人類最深的價值和遠見的品德整合，是為了共同的利益。那麼，要怎樣才能做到這一點？一個人是透過牢牢記住志業的召喚，才能做到這一點。但個人又是被什麼召喚？什麼才是自己的使命？有時，我們不是很清楚該為這個使命採取怎樣的步驟。我們可能會摔跤倒地、不知所措，並且充滿懷疑。

在我們等待自性的引導時，最重要的就是要有一種內在寧靜的耐心，「等待下一個最必要的步驟」，這是榮格回答一位女士的來信，她寫道：「我該怎麼辦？我迷路了。」他說：「那麼好吧，就好好等一下，然後採取下一個最必要的步驟。」有時這就是領導者所必須做的。當他們在理性上和認知上都不知道應該將手上可用的能量引向何處時，他們不得不等待、傾聽自性：他們可能在

等待一個夢、一個預感、一股直覺，來自深層的理性所引導的、應該去哪裡的感覺，而且他們會注意自己四周和自己內部的一切事物。榮格喜歡中文「無為」（Wu Wei）所表達的意思，意味著就任由事情發生吧。我想他是在為《黃金之花的秘密》（*The Secret of the Golden Flower*）寫評論時，在書中忽然撞見了這想法。「無為」是指任由事情發生，耐心跟隨這樣的領導，同時等待共時性（synchronicity）。

共時性是榮格在他生命後期發展出的名詞，他因此寫了著名的論文《共時性：非因果性原理》（*Synchronicity: An Acausal Connecting Principle*）。他是在 1951 年撰寫這篇論文，大約是在七十六歲，去世之前的十年。他從 1912 年與愛因斯坦在蘇黎世共進午餐以來，四十年期間一直在發展這個理論。然後，再透過與物理學家沃爾夫岡·包立（Wolfgang Pauli）的對話，一起形成了這個共時性的概念。共時性指的是有意義的巧合，每個人的身上都會發生。如果人們問我這是什麼意思，我會給他們定義，並且問有沒有遇過這種情況，而他們想了想：「喔，是的，我有次在找某件東西，有人遞給我一本書，而那本書確實改變了我的人生。」這是一種內在的需求或內在的意象，找到了外在的對應關係，並且改變了事物的過程。我們要留意這些具有意義的共時現象。

榮格說，共時性是在時間裡創造出意義，意義出現在時序裡，在時空的連續體中，但這一切卻是來自另外的來源。因此，無為就是任由事情發生，而尋找共時性就是尋找著非因果關聯但有意義的事件和巧合，例如：我們意外而隨機相遇的人，閱讀到的東西剛好與前一天晚上的夢相對應之類的。當內在和外部之間有著這樣的對

應，它們之間的牆瓦解了，你就會找到方法，採取下一個最必要的步驟。這一切作為就是跟隨自性。

老國王必須死去

每一個發展階段都有潛在的陷阱，意味我們可能在這一階段困住。一個人可能困在母親階段，也就是成為「永恆少年」，想要永遠留在天堂，而不想進入父親階段，因為那裡有要求、責任、成就、階層制度。同樣的，一個人可能困在父親階段，不想轉向內在世界去尋找阿妮瑪，而希望永遠留下來當父親的兒子。你會在各企業和公司裡看到許多這樣的人，他們很樂意在以後的人生裡永遠只擔任副總裁，等待著獲頒銀錶而退休。他們不想前進尋找阿妮瑪和可能的破壞而進一步轉化。他們不想要擁有那種自由。他們阻抗自己的個體化歷程，而困在父親的世界。同樣的，人們也可能困在阿妮瑪世界而無法獲得自由，這樣的自由只有在尋找靈魂成為內在角色的過程中才會出現。他們困在將阿妮瑪投射到他人或客體的機制，最後被一切所奴役，失去了享受歡樂和行動的自由，而無法進入第四階段。

這個第四階段是需要很多強大的能量，就像我們在一位領導者或國王身上所看到的那樣，他必須具有遠見，並且能夠行使這些遠見所需要的權威，同時可以領導自己和他周圍的人走向讓所有人都受益的道路。但同樣的，一個人也可能困在這個階段，如果這個人不想放棄權威和王權的話。在神話裡經常出現一位老國王，而這位老國王必須死去。瑪麗‧雷諾（Mary Renault, 1905-1983）寫了一本著名的書《國王必須死去》（*The King Must Die*），是一個關於

雅典國王的故事，他不放棄自己的權威，不願將之傳遞給下一代，成了我們所謂的老朽或固執老頭（senex）。這個人困在老人僵化和渴望權力的態度裡，不願卸下對權力的掌握，讓下一代接管，而繼續擔任這個體系的國王。當沒有這樣的轉移，對組織是極具破壞性的。像現在美國的人民，就非常擔心權力的轉移問題[3]，因為這一切的發生必須是在整個體系的結構裡。

老國王必須死去。這是古老的群體規則，特別是當國家衰退時，當天象惡劣造成降雨不足而農作歉收時，當一切分崩離析時，人們會斷定這老國王必須死去，需要新的國王、新的誕生。因此，老國王將被丟棄一旁，他處於不再擁有權力和權威的局面，而新的人物將取代他的職務。這階段的陷阱是對權力的戀棧，而挑戰則是終有一天必須面對的死亡，因為到這時候已經達到年紀較長的階段，開始準備退休了。在我們的社會中，退休是一個可怕的詞，因為退休的人被視為是附屬的，是沒有任何用處的人，一個沒有生活目標而只是在等棺材的人。但這階段的挑戰則是在於如何進入下一個階段，也就是開始面對生命的有限性和終結。

探詢終極存有的智者

因此我們將進入第五階段：智者或薩滿的階段。我們是從自由的實現，也就是第三階段——英雄階段開始；然後是進入自性所統治的第四階段，使命和王權；再過來，我們從阿妮瑪走向自

3　【譯註】本講稿演講時間（2020 年 9 月）逢美國總統大選競選期間，拜登正代表民主黨挑戰共和黨時任總統川普。

性，進入第五階段。而這一切所涉及的問題是如何發現或闡述生活的哲學，一種世界觀，或者 *übersinn*（有超自然或超意義的意思）這個我喜歡的詞。這個詞是榮格在《紅書》中提出的，他談論三種意義：「意義（*sinn*）」，「沒意義（*Unsinn*）」和「超意義（*übersinn*）」。

Sinn 是一般習慣上所指的意義。你可以說購物是有意義的，因為你需要衣服；去買雜貨是因為需要餵飽孩子；去上班是因為需要薪水──我們需要各種各樣的事物，它們給了我們生活中一般所謂的意義。休假是很有意義的，因為讓人愉悅、放鬆、帶來歡樂的感覺等等。*Unsinn* 意指沒有意義、胡說、無所謂等。有時我們會陷入這樣的情形，一切都變得毫無意義，都是胡扯。我們必須生活在意義與無意義之間，我們必須能夠容忍在生命中有時會出現我們所做的一切都是胡扯的狀態，我們只是進行動作，任何事情都沒有太多的意義。但隔一兩天以後，意義又恢復了，我們可以睡個好覺，早晨起床煥然一新，或者做做按摩而感覺好多了，還有許多……。因此，在意義與無意義之間來來回回，會出現在一般的意識層面。

然而，*übersinn* 則又是另一回事，這意味著超意義；*über*：超過、之上、超越，就像尼采所寫的 *übermensch* 一樣：是超人、超意識、超意義。或者我們可以說：終極意義。這將會是另一種問題，詢問著：什麼是我生命的最終意義？我為什麼出生在這個世界上？當我回顧自己的一生時，我又會在其中看到怎樣的模式？在這個星球上，什麼是生命本身的意義？人的生命意義是什麼？

榮格有個十分有名的故事，他問了自己這個問題，並且在非洲旅行時找到答案。在非洲時，有天他一個人出門，去了稀樹草

男人・英雄・智者：男性自性追尋的五個階段

原。他面對著廣闊的地域，只看到幾隻動物，沒有任何的人，於是他說，我感覺自己好像是有史以來第一個看著這場景，將意識帶入這場景，並且將這場景記錄在意識當中的人。這就是人類生命的意義：將意識帶進物質，進到物質世界；否則，一切只是不帶意識地一再重複和進化，而沒有人類所擁有的這類意識，能夠去看、去記住、去反思、去質疑，並且為宇宙帶來意義。人類的存在是為了賦予意義。如果內心出現了這樣的問題，需要漫長的反思，才能為自己找到適當的答案：究竟，我這一生的意義是什麼？人到了晚年，經常會回顧自己的歷史。

榮格的晚年就寫了一部自傳，叫做《回憶、夢、省思》。這是一部非常有趣的自傳，與你讀過的任何傳記都不一樣。這自傳絕對是獨一無二的，大部分談論的都是他自己的內心生活，他內在世界的演化和改變、他的內在歷程、他的創造力和他的發現，他的記憶、夢和反思，大部分都是跟別人無關的。這是他對自身生命意義的反思。在自傳的結尾，最後一章的〈近來思考〉裡，他說：「我不知道我生命的意義是什麼。我甚至不知道我是誰。我的一切讓自己感到困惑。」而佛教徒會說：「這是很好的洞見，現在你已經抵達彼岸了。」

因為所有的構想和理論，都無法解釋自己正在體驗的這一切。在每個過渡期，也許我們都可以談談其中的過渡性／臨界性（liminality）：從青春期到青年，有著臨界的雙重（betwixt）和之間（between），譬如成年啟動等；而中年也有著臨界的階段，這時候人們開始尋找阿妮瑪的靈魂人物，以及更深層的意義感和方向感。同樣的，退休時也有著臨界感，從成熟成年的活躍生活、國王

般的地位要過渡到退休，這可能會是一個非常困難的過渡。

幾年前，一個女人來找我幾次，為的是反思她生活中所發生的事件。她告訴我，丈夫最近去世了，退休後大約九個月就去世了，他曾經在芝加哥一家相當重要的公司擔任總裁。她去公司的財務處領取最後一張退休支票，財務人員告訴她：「哇，你丈夫做得相當好，遠遠超出平均的水準。」她說：「這是什麼意思？」「平均來說，從我們公司那個層級退休的員工只活了六個月。你丈夫活到九個月，他做得真的很好。」這讓她震驚；當然也讓我感到震驚。這些人顯然沒有為退休做好準備，因此可能發生的狀況是整個陷入全然空無的感覺：我這個男人什麼都不是，我的一生什麼意義都沒有。

幾年前有部電影《心的方向》（*About Schmidt*, 2002），是關於一個六十五歲的男人從公司退休的故事，在電影裡我們可以看到他退休以後的發展。這部片對這個過程有十分生動的描述。他陷入無意義感，想要回公司給接手他工作的人提供建議，但這個人不想要他的建議。他沒有任何可以貢獻的，無所事事，此時妻子忽然生病去世，他於是成了孤單一人。他開始生活在露營車裡，四處旅行。他拜訪了即將結婚的女兒，但她不想見他，他全然一個人了。這是處在這個階段的人可能掉入的空洞，處境可能十分困難，感到特別孤獨，尤其四周如果沒有伴侶或家人的話。這樣的臨界過渡時期是十分重要的，因為這可以引導人們認識到，原來我以前所過的積極生活，現在再也行不通了。整個人全都洩氣了，生命是空的。空洞的體驗開始驅使人們去尋找超越原本意義之外的意義。這將是對終極意義的追求，同時意識到人們對這一切的理解是有限的，永遠都

　男人‧英雄‧智者：男性自性追尋的五個階段

不會完全理解。這是對生命局限性的理解。

面對生命本身的陰暗面

　　著名的基督教神學家保羅・田立克（Paul Johannes Tillich, 1886-1965），提出了上帝以外的上帝（a God beyond God）。榮格也同樣說，當我談論上帝時，我是在談論上帝的意象，而不是在談論上帝，而且這些上帝的意象到了年老將不再作用。它們失去了原來的精力和象徵力量。生命是空洞的，同時也面臨著邪惡的問題。榮格在晚年投入很多時間來思考這個問題。這是關乎邪惡，但生命黑暗的一面不只是平常自身的壞或邪惡體驗，也不只是陰影和潛抑的種種，而是生命本身即有的陰暗面。

　　榮格的文章談到神的陰暗面、自性的陰暗面、原型陰影。他說，與這一切接觸是十分難受的體驗，這種巨量的負面性充塞著整個宇宙，充塞著整個政治和宗教體系，充塞著人們自身的生命體驗。一個人要如何去處理晚年的邪惡問題？如果我們遵循榮格的例子，那麼我們將會和自性有個 *Auseinandersetzung*——這是個德語單詞，英文無法翻譯，但基本上這意味著將一切從內在呈現出去，就像當一個人願意誠實對話時將自己與他者區隔，他將會說出自己最真實而最深刻的感受和想法，並且等待著對方回應。

　　這樣的對話在生活中是非常罕見的，人們這時確實對他人或對自己，表達了最真實深刻的思想和感情，這個階段有點像是說出真話的時刻。例如前幾天，我和一個朋友聊天，那次談話非常愉快，但事後好好想想，卻覺得在談話中其實沒有說出太多的真實。我並沒有說出我真正的想法，因為我不想搞壞氣氛，我喜歡這段關係的

融洽感覺——我們並不是非常親近，但我當他是專業上的朋友。所以，如果我們考慮要與某人進行真實、誠實而深入的交談時，這是需要時間和深刻內省的，需要相當的一段時間來回反思，而這就是 *Auseinandersetzung*。

榮格和自己的宗教傳統有著 *Auseinandersetzung*。他質問著聖經版本的靈性和上帝，質問著上帝的意象等問題。他十分坦誠地交流，在當中表達了他對耶和華，這位聖經中的王，十分誠實的感受，並且深入研究自身的過去和傳統，將自己與祂分開。他告訴神自己對祂的想法，他認為祂所不足的地方。這可能是他寫過的內容中最真實的部分，而且他說這本書是他永遠不會以任何方式重新修改的一本書。其他書籍，也許可以在當中某些地方進行一些更改，做點編修以適應眼前的情勢，讓這書更討喜，但就是這本書，他是永遠不會修改的。在這書裡，他說出了自己相信的真理，並且在人生的最後十年寫下這本書。

寫完這本書時，榮格寫了一封信給秘書，他的秘書想知道他最近怎麼了，畢竟他為了寫這本書已經隱居了好些時間。他回信時說道：我一直在波林根（Bollingen）這兒工作，我想我已經將大鯨魚拖上岸了。這就是他的《答約伯》。他在這本書引用的是美國著名小說《白鯨記》（*Moby Dick*），鯨魚代表著自性，而約伯則是前往捕捉或捕殺的旅程。「我將大鯨魚拖上岸了」，他這句話的意思是，針對那些一生中、從誕生開始一路經歷的巨大文化傳統，他已經完成了他的 *Auseinandersetzung*。他來自牧師家庭，在教堂長大。他必須與這些分離，以走出自己的路，找到自己的阿妮瑪，讓自己成為國王，現在他與這條大鯨、這一傳統開誠布公。因此，對個

人的過去和文化歷史進行反思，將是人們在晚年可以從事的一項任務。

我不知道為什麼要選擇「退休」這個字來描述人生這個階段，除了這意味著要離開權力的韁繩。然而，一個人從這過程中獲得什麼？又有什麼陷阱？而陷阱當然是讓人滑入絕望深淵：此時眼中的黑暗是如此強烈而明確，而光明的那一面完全卻看不到。一個人於是失去了意義感，這是所謂的 *übersinn*，表示一個人完全陷入黑暗。那是老年的憂鬱，常見於有老年人的家庭；精神科醫生用藥物來治療，心理治療師試圖讓老年人振作起來，做些小旅行，或一些有趣的事情讓自己的腦袋暫時擺脫問題。

榮格三不五時也是會陷進去的。有報導寫過麥克·福德罕（Michael Fordham, 1905-1995）在榮格老年時去拜訪他的情形。榮格在他的最後十年病得很重，經常是無法出門旅行或走走的。他在家工作，繼續看病人，但經常陷進這黑坑。福德罕有一次去看望他，他很沮喪看到榮格竟然這麼沒有能量、沒有樂觀的精神，不像榮格自己過去經常提倡的樣子。榮格承認，他覺得沒有人真正瞭解他，他做過的一切、寫過的一切、講述過的一切，都被誤解或只是表面上的理解而已。沒有人是真正理解的。這其實是因為老年憂鬱，不是真的。

人們當時已經非常瞭解他所發展的一切，想要繼續實現他的願景，而且一直堅持到了今天。但榮格終究是凡人，也是會陷入低谷的。福德罕說：「好吧，你究竟是怎麼想的？你認為自己可以改變世界嗎？你的遠見可以轉化整個人類文化嗎？如果你這樣認為，那你就太膨脹了。你不是先知，也沒人有辦法做到。」也許在榮格想

法的背後，是他的雄心壯志，而他的遠見是如此強大有力，他看的是如此的遠、如此的廣，他試著傳達這一切，卻認為這一切對世界並沒有帶出夠大的影響。

　　年老的時候，我們是容易掉入陷阱、跌入坑裡的，但榮格從坑中走出來了，他並沒有留在那裡。我認為他在最後日子裡是滿懷期待的，他已經準備好面對死亡，要繼續迎向在來世那裡等待著他的一切。他自己最後曾說過一個夢，就在去世的前幾天，夢中湖對岸的波林根塔樓已經完工了，那是他在湖的另一側建造的塔樓複製品。現在有一個複製的塔，這是他幾年來一直在努力進行的，在他的夢中和想像中，他將會在來世住進去，現在準備好了。他說，「嗯，我想我很快就會死了，我正準備著呢。」此時沒有一丁點的絕望，因為他喜愛波林根的塔樓，所以他會想要在來世前往另一棟塔樓。

　　當他在《回憶、夢、省思》裡提到來世時，他認為相信有來世是很健康的。「但我們不知道呀，而且您無法確切地證明這一點。」榮格去世時，哀悼他的人們都這麼想的，認為這一假設根本沒有實證的證據。但是，這樣的想法，而且為這一切做好準備，其實是十分健康的。這一點是《黃金之花的秘密》這本中國煉金術書籍令他著迷的原因之一。書裡的那些賢哲智者修好金剛體（diamond body），這是他們的靈魂來世將棲居的地方，是他們這一世積極準備的事情。因此，來世的準備工作可以成為男人成長最後期的一部分。

　　　　　　　　男人・英雄・智者：男性自性追尋的五個階段 ├──────

穿梭於當下與永恆

我將薩滿這個詞用在這個階段，是因為薩滿是可以在不同的世界之間穿越的人。他們活在這個當下的世界，但有能力轉移自己，經由進入恍惚的出神狀態，讓自己待在永恆的世界，那是個屬於諸神以及無形存有和能量的世界，他們可以引領自己進入第五度空間來尋求療癒，或找到迷失的靈魂，將之帶回。他們是醫者，讓受苦的人得以恢復。人們相信，薩滿曾經相當深入地經歷無意識，並以非常特別的方式參與自性的生命。

有一部偉大的義大利古典文學作品，但丁的《神曲》（ *The Divine Comedy* ），創作於他的人生後半段，他在完成這首詩的幾個月內就去世了。作品裡，他穿越了三個境界。這些境界都是在來世，所以這是一場薩滿的旅程。他前往名為地獄的這個境界，然後進入煉獄，這個淨化靈魂而為天堂做準備的境界，而天堂則是來世最後也是最高的階段。在旅程的盡頭，他體驗到神聖行列的神祕異象，這是屬於聖徒和天使令人驚嘆的結構。在這領域裡的所有事物都是光。他看到三位一體。有一刻，他甚至無法描述，只能提及。他說有著電光一閃，甚至不記得究竟看到什麼東西，但這完全改變了他。這使得他的意志、慾望與推動星球與星辰的愛融為一體。他和宇宙的靈魂（anima mundi）、這世界的靈魂、這宇宙的力量、整個宇宙體系裡所有愛的力量，全都合而為一了。這讓他蛻變轉化。然後他回到這個世界，完成自己的詩篇。然後當他穿過街道時，人們會向他們的孩子說，看看那個男人，他是個薩滿，他去了幽冥世界，然後又回來。當但丁走在街上時，人們會視他為與眾不同的存在，因為他恰恰就在生命盡頭之前完成這趟旅程。

還有另外一個故事，出現在中國文化裡，也是關於完成旅程的故事，就是佛教裡的十牛圖[4]。這十幅放牛的圖畫，講述一個人從生命中間點到生命盡頭的發展歷程，以及最終的領悟和啟示，畫中主人翁的人格修為發展成為一位賢哲，一位薩滿。在這過程中，他經歷許多事件，必須找到牛並且加以馴服，然後騎牛回家。然後，他像但丁一樣擁有了整體和圓滿的異象。這是個完美的循環／輪迴，空無一物，是佛教徒所謂真實的心性。然後再接下來的兩張圖，圖裡沒有人也沒有牛，就像是沒有自我也沒有慾望的完美場景，只是靜靜的觀看。然後是他回到市集的最後一張圖。這是十三世紀日本的繪畫，而圖上的文字表示這位年長的賢哲轉化成一位提著燈籠或水壺的老人，帶著笑意對著樹下的少年說話。文字說：

> 露胸跣足入塵來，
> 抹土塗灰笑滿腮。
> 不用神仙真秘訣，
> 直教枯木放花開。

　　這是智者的階段，你可以看見他是位退隱的人。從他沒有權力也不想行使權力的意義上來說，他是毫無價值的。他只是想單純的逛逛市集，其他智者也不會認出他來，但他自有其用。現在，這也是煉金歷程最後的一個階段，經過許多轉化的階段後，那古老而被稱為哲人石的石頭，具有將其他金屬轉化為黃金的能力。這也是一種解除百毒的藥劑，一種具有神奇特性而可以治愈一切的藥物。這

4　【編註】可參史丹著作《靈性之旅：追尋失落的靈魂》第十五章。

位智者也具有神奇的能力，但他並沒有運用自己的力量。他沒有誦經，也沒有持咒，只是憑藉他純粹的在場，就有能力帶來治癒、轉化，使人們有了覺察的意識。他使枯萎的樹木迅速地開花。他咧嘴笑了，接受了所有的一切；生活一如其原來面貌。

榮格在 *Auseinandersetzung* 尾聲，也就是《答約伯》的結尾，書中的最後一句這樣寫著：「這位棲居其中的人，其形式沒有可知的界限，他從每個方向將人包圍起來，像地球深淵一樣深不可測，像天空一樣的廣闊。」這個人有著終極目的、有著自性、是上帝的上帝、有著 *übersinn*，超越意義的意義。有一種感覺，就是一個人是與祂相關聯，接受祂；但並不是成為祂，而是與祂有了關係，與超越意義的意義有了關係。一個人是與智者有了關係，正常的狀況下是此人不會成為智者；當人們對這些想法過於認同時，就會變得膨脹。有些老人變得過度膨脹，因為他們有這樣的錯覺，認為自己擁有世界上所有的智慧，而人們如果願意聽他們的，一切都會變得好多了；然而，他們最後當然是會感到沮喪。沒有人想要掉入這樣的陷阱。這是這個階段的陷阱：以為自己就是智慧，*übersinn* 和智者。

個人可以和祂有著關聯，而且當我們看到這一切都包含在那幅圖的圓圈中，會發現這是多麼美好的。這裡有一張榮格的照片，我也不記得是哪裡拿到的，照片裡頭的

榮格是老人了，他正笑著。我認為這是智者的圖像。可以看出來是在他晚年拍的，我想是他最後幾年，離去世沒多久。榮格的笑聲是出名的，人們經常談到這一點。他的笑聲充滿了整個房間，甚至可以在湖的對面就聽到。當榮格開懷大笑時，是十分有感染性。說到這裡，想到他在晚年沒有和智者身分認同合一，我自己是很高興的。他當然是與很多人進行了交流，而他們也將智者投射到他身上。我認為他保持了自己的虛心和謙遜，與之維持距離，但絕對還是與之連結的。他以一位退隱在家的老人形象，給予他人引導，最後幾年過著冥想、寫作和與人交談的生活。不再擔負外在社會責任的積極角色。

問與答

問 你這次所談到的第四階段和第五階段，內容似乎與三十年前的演講有所不同。你現在的想法是否有很大的不同？

答 確實是這樣的，因為當年我進行這些演講時，我或多或少是處在這些階段當中。當時我應該是四十多歲，是朝向未來展望的。而現在，則是往回頭看了。我現在七十七歲，對這些階段也有更多的反思。

正如我先前所說的，我認為這些階段並不局限於男性；女人有很多相似的地方。在八〇年代和九〇年代的美國，對於艾瑞克・艾瑞克森認同形成的階段論有很多的辯論。他提出的發展過程是這樣的，在青少年是身分認同的形成，

然後才是親密關係。我或多或少是遵循這條路線的：親密關係與阿妮瑪有關，而身分認同與父親有關。但是婦女運動來了，她們說男女的發展有一部分是相當不同的，因為女性不是在身分認同形成之後再建立自己的親密關係，而是在親密關係中形成身分認同。所以我不是很清楚如今是否普遍同意這一點，因為那是在傳統的時代；而我們則是身處於後現代，而這一代，就像我看到現在三十七歲的女兒，以及剛剛上大學的孫女，她們沒有遵循原來的傳統模式。

在我妻子上大學的時代，女人上大學的目的是找到一個丈夫。她們找到丈夫後，也許就輟學了，也許在結婚生子後再回到學校。這是那時代的標準模式：親密，婚姻，家庭，以及接下來的其他一切。而現在，對我的女兒和孫女來說，她們的發展歷程與男人們所遵循的是非常相似的。她們先建立事業，然後也許找到婚姻伴侶，並有了家庭，但是被推遲了許多，女人可能要三十多歲才結婚成家。在後現代，一切事情都有了重新安排。與傳統生活相比，結婚和生孩子這些事受到更多的質疑。因此，我認為現在女性的發展反而與男性沒有太大的不同，我認為相似之處更多了。婦女在社會秩序中發揮的影響力已經大幅提升。在瑞士，百分之五十的政府行政人員是女性。瑞士婦女在 1973 年獲得投票權，從那時以後，她們在政府和企業中逐漸擔任更多的重要職務。

她們的發展方向和歷程，現在比以往更接近於男性。在美國，目前正接受提名認證的最高法院大法官新人選，也是位女性，該職位過去已由一名女仕擔任了很長的一段時間。這些非常重要的權威地位，現在仍然是在父權結構體系之內。父權體制不是指由男人統治的，而是社會依這定義而形成的結構方式。

問 有一些十分傑出的例子，顯示出女性的領導與男性的領導是不同的。艾瑞克森的理論就被他的女性學生卡洛·吉利根（Carol Gilligan）修正，她認為男人和女人生命發展階段是不同的。也許差距不是很大，但是很多事情並沒有改變。

答 我知道女性正在努力倡導一種不同的，所謂的陰性領導方式；她們說，這使組織更加平展、更少階層性。我不確定這方式在較大的結構和團體中是否依然有效，我對此有很多疑問。我們為了能夠組織一大群人，並且讓他們朝相同的方向前進，必須擁有相當階層分明的體系。而在最上面的領導人，我認為無論是男人還是女人，都沒有太大的區別。

當阿妮瑪就位以後，將會十分有力。它很強壯，並且具有男性氣質。這並不意味著女性會變得十分男性化或是阿尼姆斯上身。在榮格的時代，他們透過寫書來啟動阿尼姆斯。他們回到大學，用過去從未有的方式來發展自己的心智。阿尼姆斯意味著精神或心智。他們寫書，成為老師、

分析師等等，但是，我會讓別人來寫有關女性發展的書，我不想冒險。

問　是否可推薦一些在榮格領域針對女性個體化的書籍？

答　琴‧波倫（Jean Bolen），《每個女人身上的女神》（*Goddesses in Every Woman*）；克萊麗莎‧平蔻拉，埃思戴絲（Clarissa Pinkola Estés），《與狼同奔的女人》（*Women Who Run with Wolves*）（心靈工坊出版）；埃絲特‧哈丁（Esther Harding），《女性的神祕》（*Women's Mysteries*）；埃里希‧諾伊曼（Erich Neumann）在《丘比特與賽姬》（*Amor and Psyche*）一書進行了嘗試，但我不知道如今的女性主義者是否同意他的觀點，是否同意後現代女性與他所說的是相同的，書中的女人都是為了愛情而苦。

問　從實際面而言，如果男人想要與他的阿妮瑪連結，而不是將它投射到另一個女人身上，可以怎麼做？

答　如果他將阿妮瑪投射到另一個女人身上，他就被奴役了，而且一切都是錯覺。如果不是從投射，這會創造出指向內部世界的鏈接。要在內心經驗阿妮瑪為完全的內在人物，幾乎是不可能的。男人通常會先以投射的形式體驗到阿妮瑪，然後必須收回這投射。這就像陰影一樣：先在投射中體驗，然後才在我們自己身上發現。我們對無意識的發現，往往都是先以投射的形式，然後必須再將它收回。收回投射是一件非常艱難的工程，因為得經歷幻滅和憂鬱的

歷程。當我們開始收回陰影時，我們開始意識到自己身上就有著這些東西。當我們一開始是以投射的形式來體驗阿妮瑪時，如果不再有投射，我們將幻滅，甚至感到憂鬱。但是，我們必須跟隨阿妮瑪回到無意識，為她找到一個象徵；這象徵通常可能是藝術、文學、宗教等作品，我們可以在生命許多的其他領域中找到阿妮瑪。例如，人們開始愛上歌劇。他們會追隨歌劇的女伶連續好幾個月，音樂會一場接一場參加。但是他們不會想要娶這女伶；他們喜歡她的歌聲，歌聲為阿妮瑪而發聲，而他們可以從中得到許多能量和歡樂。我們可以透過許多方法與阿妮瑪墜入愛河：帶給我們的生命歡樂和熱情的，通常就是阿妮瑪的經驗。如果這一切完全迷勾在一個女人身上，你會變成完全依賴那個人，這將是一種退行。如何將自己從中釋放出來，在生命的其他部分找到阿妮瑪，是十分重要的。要承接那一點，可能是非常困難、是令人沮喪的。你會覺得自己失去了靈魂，因此你必須在其他地方找到阿妮瑪。

問 關於五階段的概念：如果某人沒有完成上一個階段，可以進入下一個階段嗎？特別是後面這幾個階段？

答 詹姆斯·希爾曼，我和他非常的熟。當他開始建構自己的理論，原型心理學時，我經常是和他在一起的。當時，他與帕特莉亞·貝黎（Patria Berry）戀愛，她是他的阿妮瑪對象。他自己因此脫離了父親世界（這是典型的例子），而進入了阿妮瑪階段。在那個時期，他創建了原型心理學，

> 他說原型心理學就是阿妮瑪心理學。
>
> 而之後他就留在那兒，但我認為這是個錯誤，因為他沒有將理論發展到足以進入智者階段。但他認為他確實做到了，也許他是做到了，他認為他對阿妮瑪有著足夠透徹的瞭解，但對於將意象具體化或文字化，他是不相信的。我認為他放棄了個體化和自性的觀念，尤其是在他的晚年。我認為擁有這些視野其實是十分重要的。[5]

5 　【譯註】關於這個問題的回答，作者跳過了一些榮格學派思想的辯論。正如譯者序所提到的，作者在 1968 年申請蘇黎世榮格學院入學時，就認識了還沒提出原型心理學理論和實踐的詹姆斯‧希爾曼，並且維持了終身的情誼。作者雖然和希爾曼有長期的友誼，但並沒有加入原型心理學的陣容。根據譯者和他私底下的交談，莫瑞對於希爾曼原型心理學放棄了自性的重要性，覺得是一大損失。

希爾曼在卡爾‧梅爾（Carl A. Meier，榮格擔任國際心理治療研究學會主席時的名譽秘書，也是第一批弟子中最主要的男性弟子）的支持下，十分年輕就當上了蘇黎世榮格研究院的研究主任。這樣的情形，在當時蘇黎世榮格社群裡，難免引起了一些意識或無意識層面的暗潮洶湧。馮‧法蘭茲（Marie-Louise von Franz）在 1959-1960 年間開始的一系列永恆少年（puer）講座（這些講座直到 1970 年才集結成書，也就是後來心靈工坊所出版的《永恆少年：從榮格觀點探討拒絕長大》），一般就不乏認為是在針對當時才三十三歲就接研究主任而令人覺得年輕氣盛的希爾曼（當然也包括古格比歐 - 克雷格〔Adolf Guggunbühl-Craig, 1923-〕，大希爾曼三歲，兩個人交情相當的深厚）。1969 年希爾曼離開蘇黎世以後，提出了老朽／老頭子（senex）的討論，來間接反擊馮‧法蘭茲的理論。

所以當聽眾中有人問起：「如果某人沒有完成上一個階段，可以進入下一個階段嗎？特別是後面這幾個階段？」莫瑞提到了希爾曼的例子。他將希爾曼離開古典的榮格心理學而建構出自認為比榮格更榮格的原型心理學，視為是希爾曼的阿妮瑪階段。莫瑞並沒有直接回答這個問題。然而，就過去的辯論裡，正如莫瑞特別提到莫札特的例子，也算是間接認為永恆少年還是可以發展出他們的自性的。至於結果如何，是否有任何的差異，莫瑞在此並沒有真正的回答。

問 人的一生有很多陰影，但是否也會有很多阿妮瑪？

答 這是個好問題。我認為應該是一個，但是可以投影到不同的對象身上。艾瑪·榮格（Emma Jung）寫了一本書，名為《阿妮瑪和阿尼姆斯》（Anima and Animus），她認為兩者皆有五個階段。兩者從十分基本的層次開始，充滿性愛的存在，一直到最高的精神層面，也就是蘇菲亞，一個智慧的存有。阿尼姆斯一開始是運動健兒，是十分身體性的人，然後發展為更智性的人，像先知之類的。所以我認為這應該視生命階段而定，阿尼姆斯會吸引不同的人。我認為只有一個阿妮瑪，但可以出現在不同的人物身上。

我回頭講講但丁。他在九歲那年，愛上了一位名叫貝德麗采（Beatrice）的女孩。然後，在十八歲時，他在一個宴會再次遇見她，她是他的靈魂伴侶，絕對是他的阿妮瑪。但他不能娶她，因為家人不允許。因此他與別人結婚，而她則在二十多歲時去世了。在他的晚年，體驗他的旅程時，她出現在天堂，成了女神，是天堂中的重要人物，而且一直是他的愛人。他可能偶爾會愛上其他女人，但是內心的基本對象是由貝德麗采所擄獲。

如果你回顧自己的生命，試著找出自己愛上的第一位女性，然後再查看與你有過關係的所有女性，你可能會發現有些線索。這線索就是阿妮瑪被投射到這個，然後是那個，她們往往都具有相近的特質。你可能會一遍又一遍地愛上相似的女人，但是她們有著不同的身體模樣。你可以

在所有這些對像當中找到的本質，就是你的阿妮瑪，不在那外頭，而是內在。如果能夠掌握這一點，便能與之建立連結。我們是沒法將阿妮瑪整合進入自己內在的，但可以建立連結，而不是成為它。如果可以有個象徵代表她，就可以與她建立連結。榮格的《紅書》就是討論這情形；他發現了靈魂對象，與她交談，他們爭執，他們有不同的看法，但他可以和她建立關係。

延伸閱讀

- 《與內在對話：夢境・積極想像・自我轉化》（2021），羅伯特・強森（Robert a. Johnson），心靈工坊。
- 《戀愛中的人：榮格觀點的愛情心理學》（2020），羅伯特・強森（Robert a. Johnson），心靈工坊。
- 《孤兒：從榮格觀點探討孤獨與完整》（2020），奧德麗・普內特（Audrey Punnet），心靈工坊。
- 《榮格的最後歲月：心靈煉金之旅》（2020），安妮拉・亞菲（Aniela Jaffé），心靈工坊。
- 《千面英雄》（2020），喬瑟夫・坎伯（Joseph Campbell），漫遊者文化。
- 《英雄的旅程》（2020），菲爾・柯西諾（Phil Cousineau）編，立緒。
- 《男人的四個原型：暢銷 20 年經典，榮格學派帶你剖析男性心理》（2019），羅伯特 摩爾（Robert L. Moore）、道格拉斯 吉列特（Douglas Gillette），橡實文化。
- 《夢與幽冥世界：神話、意象、靈魂》（2019），詹姆斯・希爾曼（James Hillman），心靈工坊。
- 《重讀佛洛伊德》（2018），佛洛伊德（Sigmund Freud）、宋文里（選文、翻譯、評註），心靈工坊。
- 《積極想像：與無意識對話，活得更自在》（2018），瑪塔・提

巴迪（Marta Tibaldi），心靈工坊。

- 《永恆少年：從榮格觀點探討拒絕長大》（2018），瑪麗-路薏絲・馮・法蘭茲（Marie-Louise von Franz），心靈工坊。
- 《童話中的女性：從榮格觀點探索童話世界》（2018），瑪麗-路薏絲・馮・法蘭茲（Marie-Louise von Franz），心靈工坊。
- 《童話心理學：從榮格心理學看格林童話裡的真實人性》（2017），河合隼雄，遠流。
- 《公主走進黑森林：榮格取向的童話分析》（2017），呂旭亞，心靈工坊。
- 《與狼同奔的女人》（2017），克萊麗莎・平拉・埃思戴絲（Clarissa Pinkola Estés），心靈工坊。
- 《青年路德：一個精神分析與歷史的研究》（2017），艾瑞克・艾瑞克森（Erik H. Erikson），心靈工坊。
- 《閱讀克萊恩》（2017），瑪格麗特・羅斯汀（Margaret Rustin）、麥克・羅斯汀（Michael Rustin），心靈工坊。
- 《診療椅上的政治：如何成為更有自覺的公民》（2017），安德魯・沙繆斯（Andrew Samuels），心靈工坊。
- 《紅書：讀者版》（2016），榮格（C.G.Jung）
- 《自殺與靈魂：超越死亡禁忌，促動心靈轉化》（2016），詹姆斯・希爾曼（James Hillman），心靈工坊。
- 《傾聽靈魂的聲音 25 週年紀念版》（2016），湯瑪斯・摩爾（Thomas Moore），心靈工坊。
- 《轉大人的辛苦：陪伴孩子走過成長的試煉》（2016），河合隼雄，心靈工坊。

- 《靈魂密碼：活出個人天賦，實現生命藍圖》（2015），詹姆斯‧希爾曼（James Hillman），心靈工坊。
- 《纏足幽靈：從榮格心理分析看女性的自性追尋》（2015），馬思恩，心靈工坊。
- 《品德深度心理學》（2010），約翰‧畢比（John Beebe），心靈工坊。
- 《神話的智慧：時空變遷中的神話》（2006），喬瑟夫‧坎伯（Joseph Campbell），立緒。

PsychoAlchemy 027

男人‧英雄‧智者：男性自性追尋的五個階段
MEN UNDER CONSTRUCTION：Challenges and Prospects

莫瑞‧史丹（Murray Stein）——著
王浩威——策劃、翻譯　　徐碧貞——校閱

出版者—心靈工坊文化事業股份有限公司
發行人—王浩威　總編輯—徐嘉俊
執行編輯—趙士尊　封面設計—蕭佑任
內頁排版—龍虎電腦排版股份有限公司
通訊地址—10684 台北市大安區信義路四段 53 巷 8 號 2 樓
郵政劃撥—19546215　戶名—心靈工坊文化事業股份有限公司
電話—02）2702-9186　傳真—02）2702-9286
Email—service@psygarden.com.tw　網址—www.psygarden.com.tw

製版‧印刷—彩峰造藝印像股份有限公司
總經銷—大和書報圖書股份有限公司
電話—02）8990-2588　傳真—02）2290-1658
通訊地址—248 新北市新莊區五工五路二號
初版一刷—2021 年 2 月　初版三刷—2023 年 10 月
ISBN—978-986-357-203-9　定價—380 元

國家圖書館出版品預行編目資料

男人 . 英雄 . 智者：男性自性追尋的五個階段 / 莫瑞 . 史丹 (Murray Stein) 著；
王浩威譯 . -- 初版 . -- 臺北市：心靈工坊文化事業股份有限公司 , 2021.02
　　面；　公分
　　譯自：Men under construction : challenges and prospects
　　ISBN 978-986-357-203-9(平裝)

1. 成人心理學 2. 男性

173.3　　　　　　　　　　　　　　　　　　　　　　　　110000024

心靈工坊 書香家族 讀友卡

感謝您購買心靈工坊的叢書，爲了加強對您的服務，請您詳填本卡，
直接投入郵筒（免貼郵票）或傳真，我們會珍視您的意見，
並提供您最新的活動訊息，共同以書會友，追求身心靈的創意與成長。

書系編號—PsychoAlchemy 027　　書名—男人・英雄・智者：男性自性追尋的五個階段

姓名

是否已加入書香家族？ □是 □現在加入

電話 (O)　　　　　　　　(H)　　　　　　　　手機

E-mail　　　　　　生日　　年　　　　月　　　　日

地址 □□□

服務機構　　　　　　　　職稱

您的性別—□1.女 □2.男 □3.其他

婚姻狀況—□1.未婚 □2.已婚 □3.離婚 □4.不婚 □5.同志 □6.喪偶 □7.分居

請問您如何得知這本書？
□1.書店 □2.報章雜誌 □3.廣播電視 □4.親友推介 □5.心靈工坊書訊
□6.廣告DM □7.心靈工坊網站 □8.其他網路媒體 □9.其他

您購買本書的方式？
□1.書店 □2.劃撥郵購 □3.團體訂購 □4.網路訂購 □5.其他

您對本書的意見？
□ 封面設計　1.須再改進 2.尚可 3.滿意 4.非常滿意
□ 版面編排　1.須再改進 2.尚可 3.滿意 4.非常滿意
□ 內容　　　1.須再改進 2.尚可 3.滿意 4.非常滿意
□ 文筆／翻譯 1.須再改進 2.尚可 3.滿意 4.非常滿意
□ 價格　　　1.須再改進 2.尚可 3.滿意 4.非常滿意

您對我們有何建議？

□本人同意　　　　　　　（請簽名）提供（真實姓名/E-mail/地址/電話/年齡/
等資料），以作爲心靈工坊（聯絡/寄貨/加入會員/行銷/會員折扣/等之用，
詳細內容請參閱http://shop.psygarden.com.tw/member_register.asp。

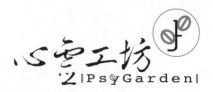

心靈工坊
|PsyGarden|

10684台北市信義路四段53巷8號2樓
讀者服務組　收

免　貼　郵　票

（對折線）

加入心靈工坊書香家族會員
共享知識的盛宴，成長的喜悅

請寄回這張回函卡（免貼郵票），
您就成為心靈工坊的書香家族會員，您將可以——

⊙隨時收到新書出版和活動訊息

⊙獲得各項回饋和優惠方案